Theo von Taane

3D Tennis 2 in 1
Taktikboard und Trainingsbuch

Das 2 in 1 Taktikboard und Trainingsbuch zur schnellen Erstellung von coaching Anweisungen/Spieltaktiken und -plänen, enthält nicht nur sportspezifische Vorlagen (Spielfeld und Raum für Notizen), sondern verfügt auch über eine wieder beschreibbare Fläche (Cover des Buchs), welche mit handelsüblichen whiteboard Stiften beschrieben werden kann und trocken abwischbar ist.

VORTEILE:
- Taktikbuch mit sportspezifischen Vordrucken (Spielfeld) zum schnellen und einfachen Skizzieren von Spieltaktiken/Übungen.
- Sind alle Seiten des Buches aufgebraucht, lässt sich das Cover (mit seinen Vordrucken) mit whiteboard Stiften unbegrenzt weiternutzen.
- Durch das handliche Format sowohl unterwegs als auch vor Ort zum Spiel oder Training nutzbar.
- Ideal zum spontanen Sammeln von Trainingsideen oder als Gedankenstütze.
- Ideal um dem Spieler durch schnelles Skizzieren der Übung den geplanten Trainingsablauf begreifbarer zu machen.
- Ideal zum Festhalten von geplante Spielzügen, um sie sich kurz vor dem Match oder währenddessen wieder ins Gedächtnis zu rufen.

Bibliografische Information der Deutschen Nationalbibliothek:
Die Deutsche Nationalbibliothek verzeichnet diese Publikation in der Deutschen Nationalbibliografie; detaillierte bibliografische Daten sind im Internet über http://dnb.dnb.de abrufbar.

© 2015 Theo von Taane; 2. Auflage

Texte und Illustrationen: **Theo von Taane**

Herstellung und Verlag: BoD – Books on Demand, Norderstedt

ISBN: 9783739223308

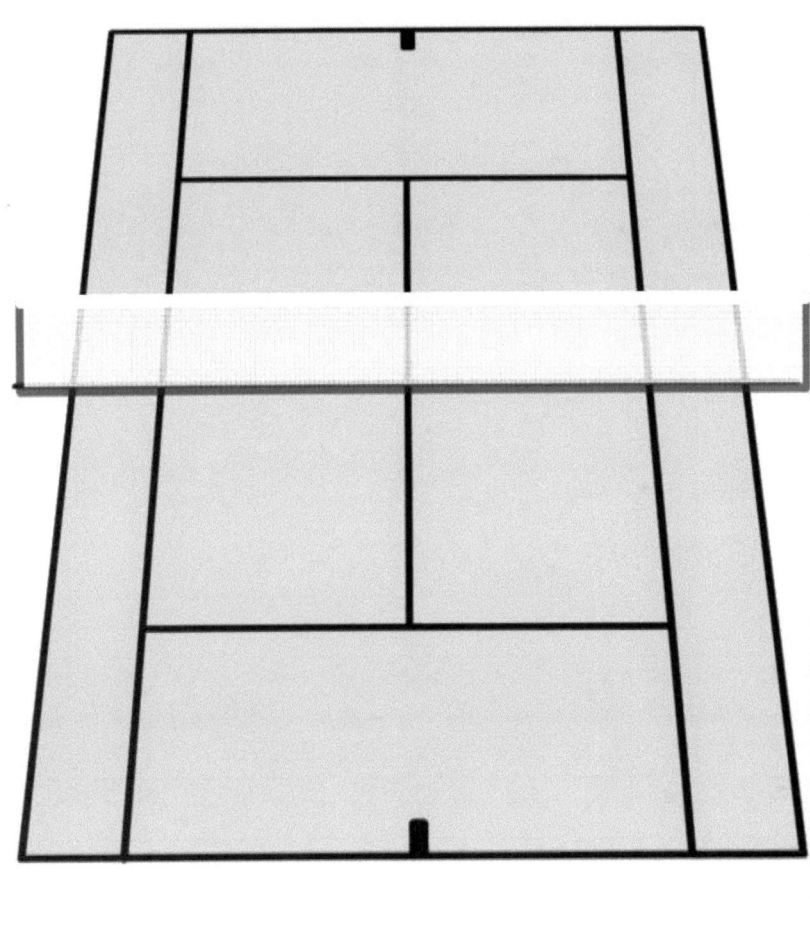

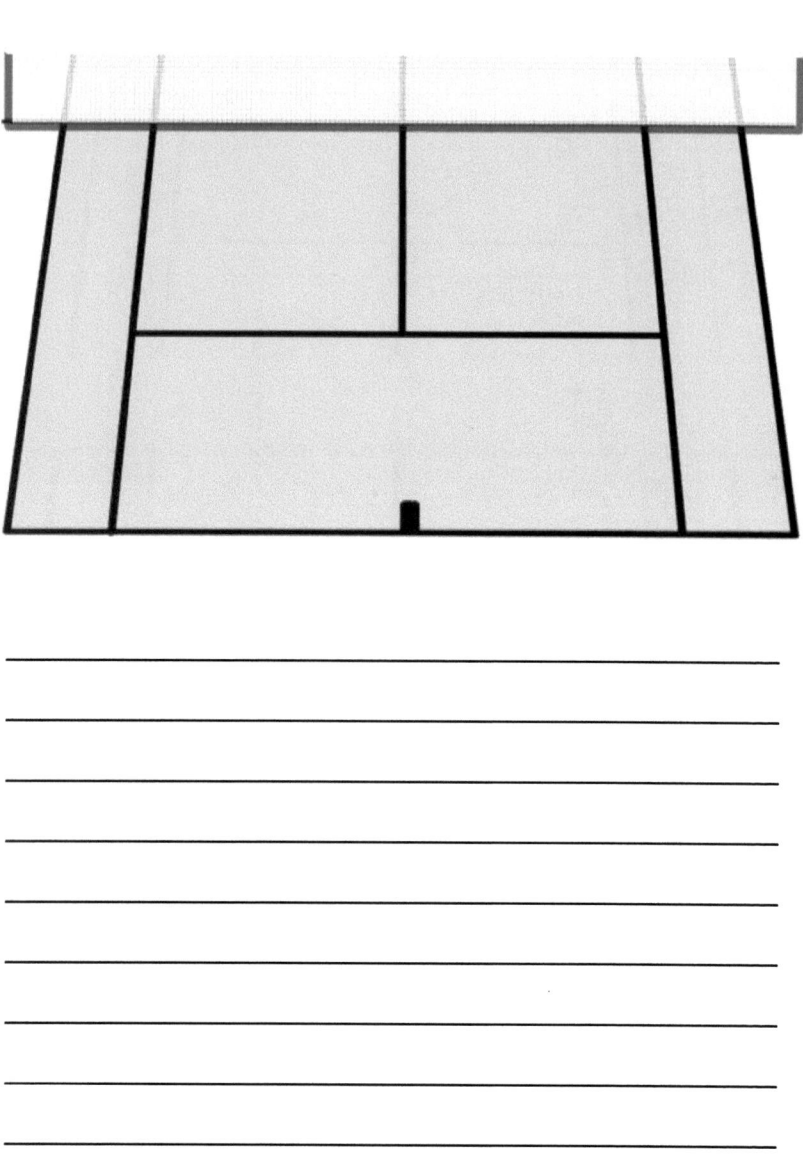

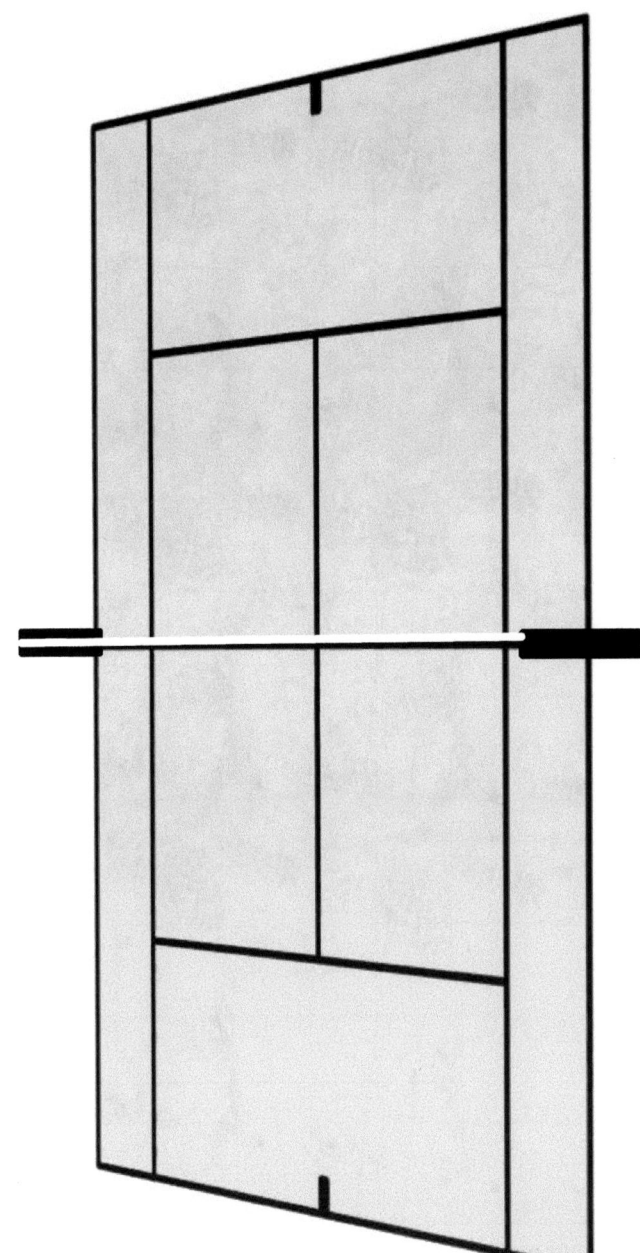

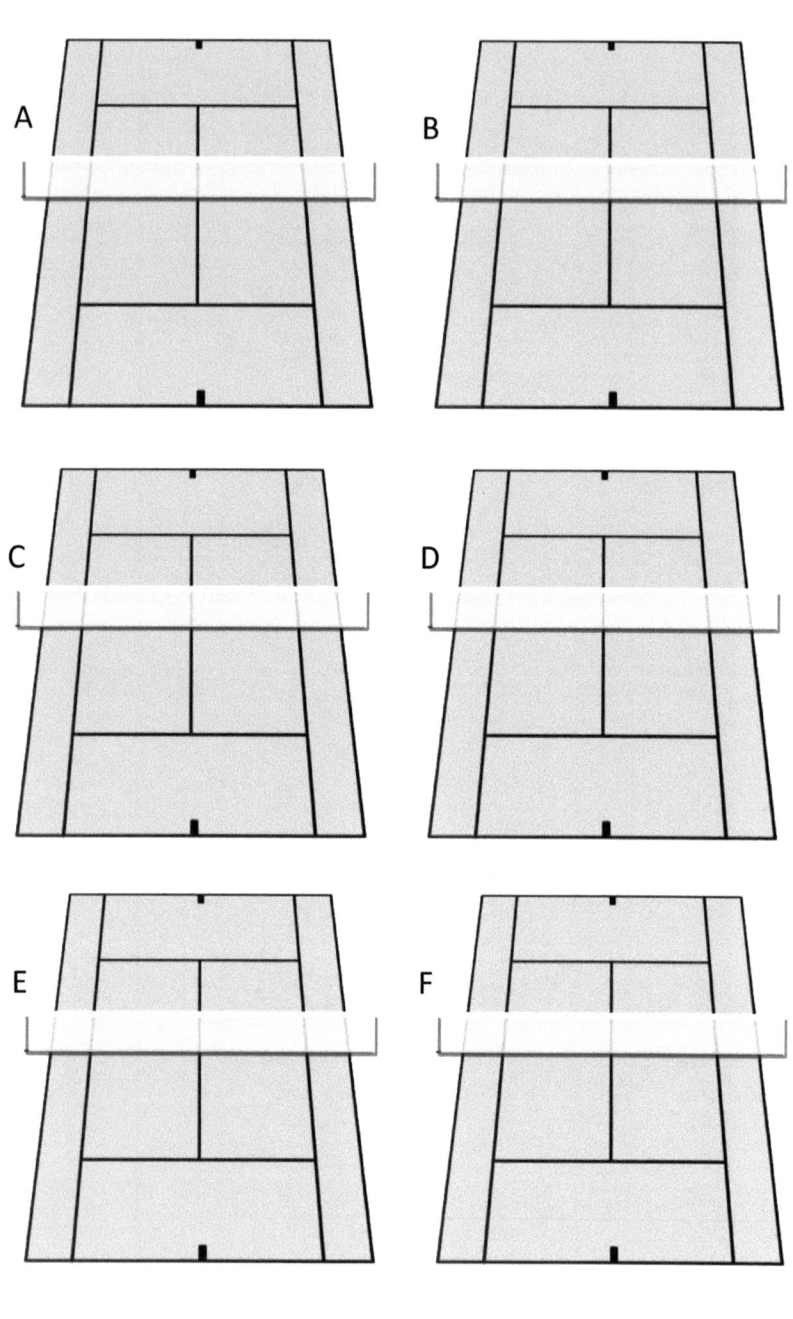

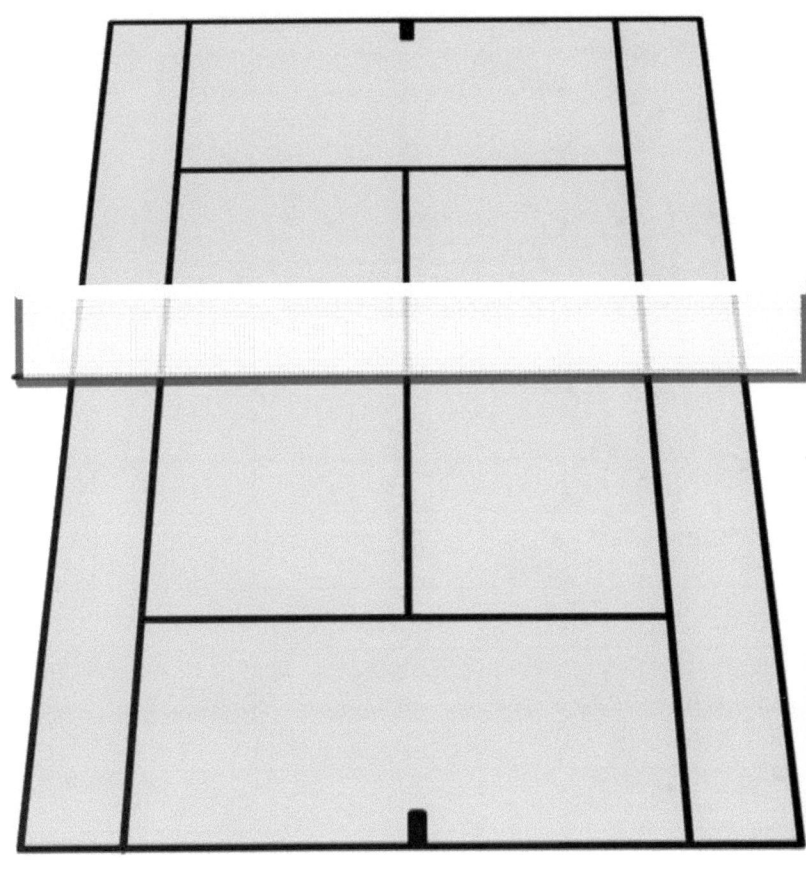

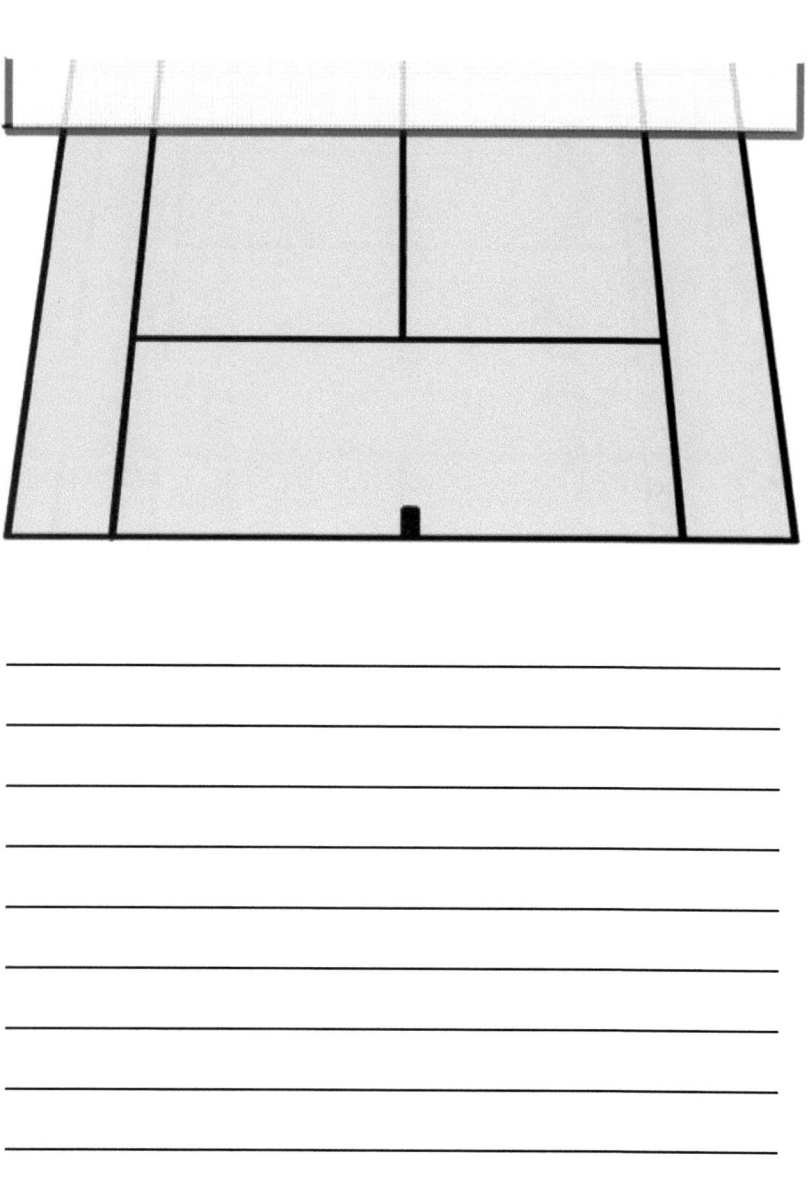

_____
_____
_____
_____
_____
_____
_____
_____
_____

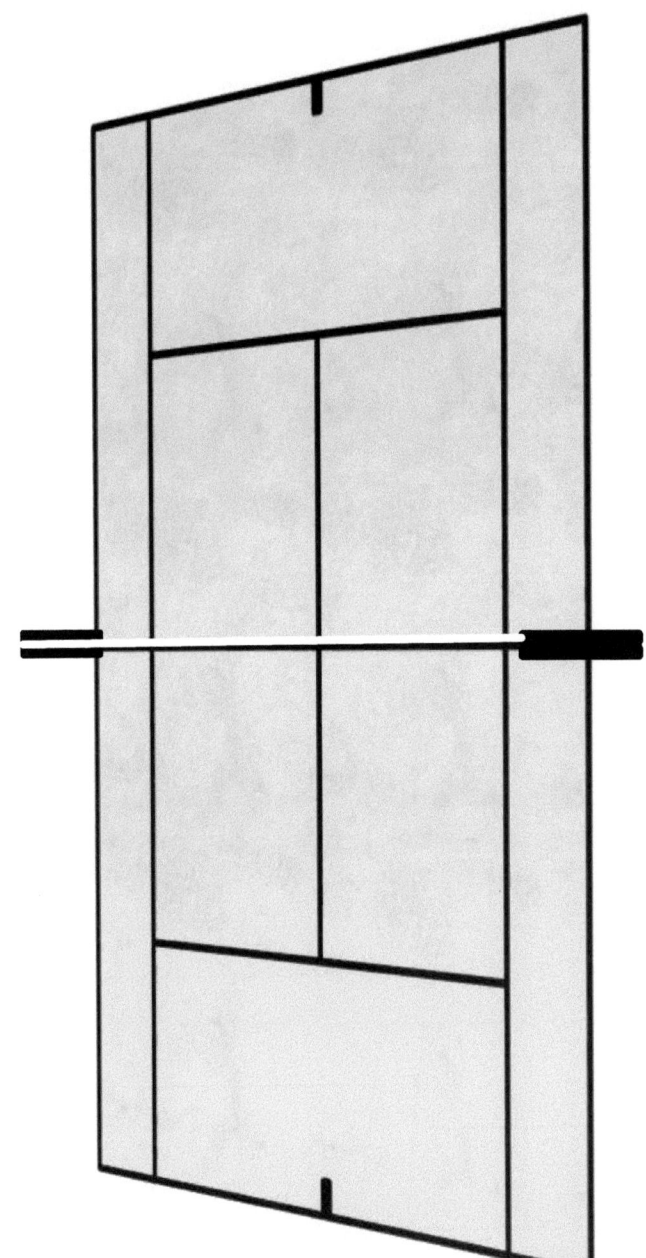

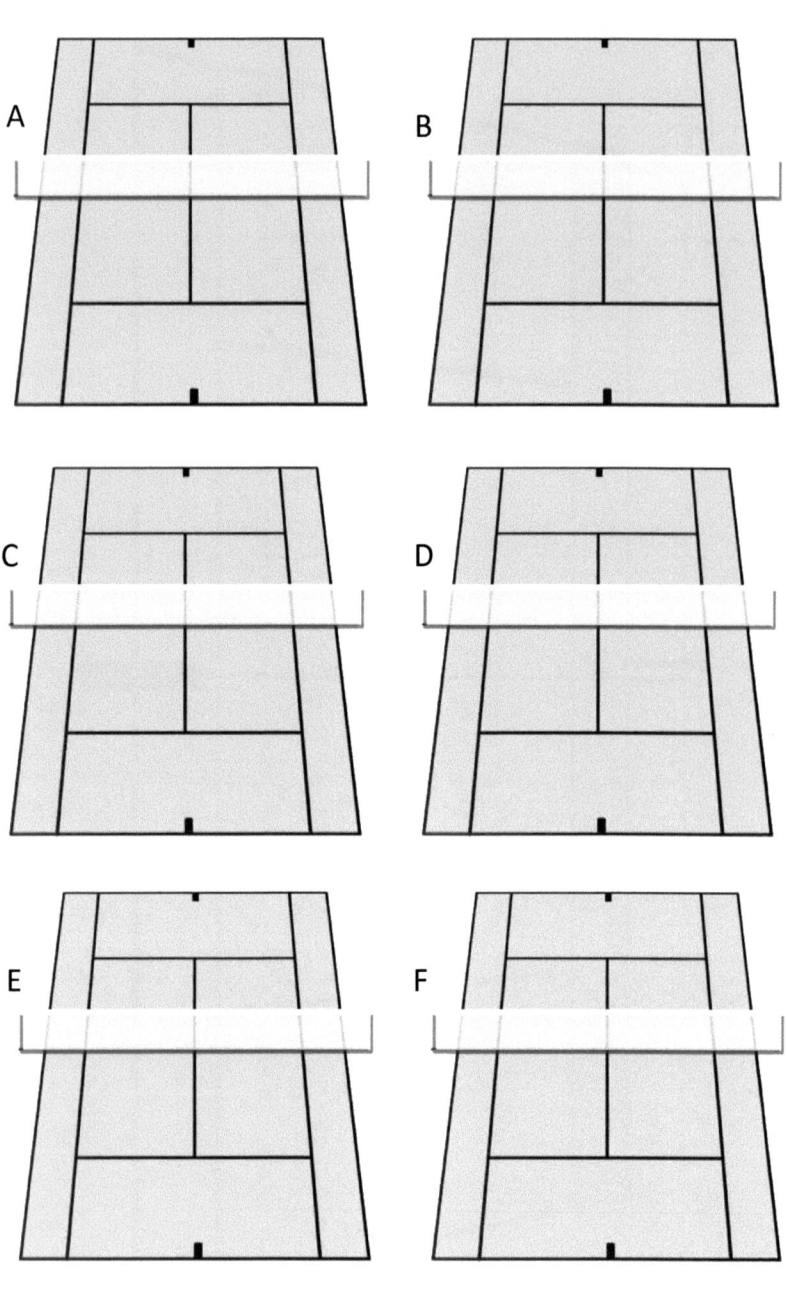

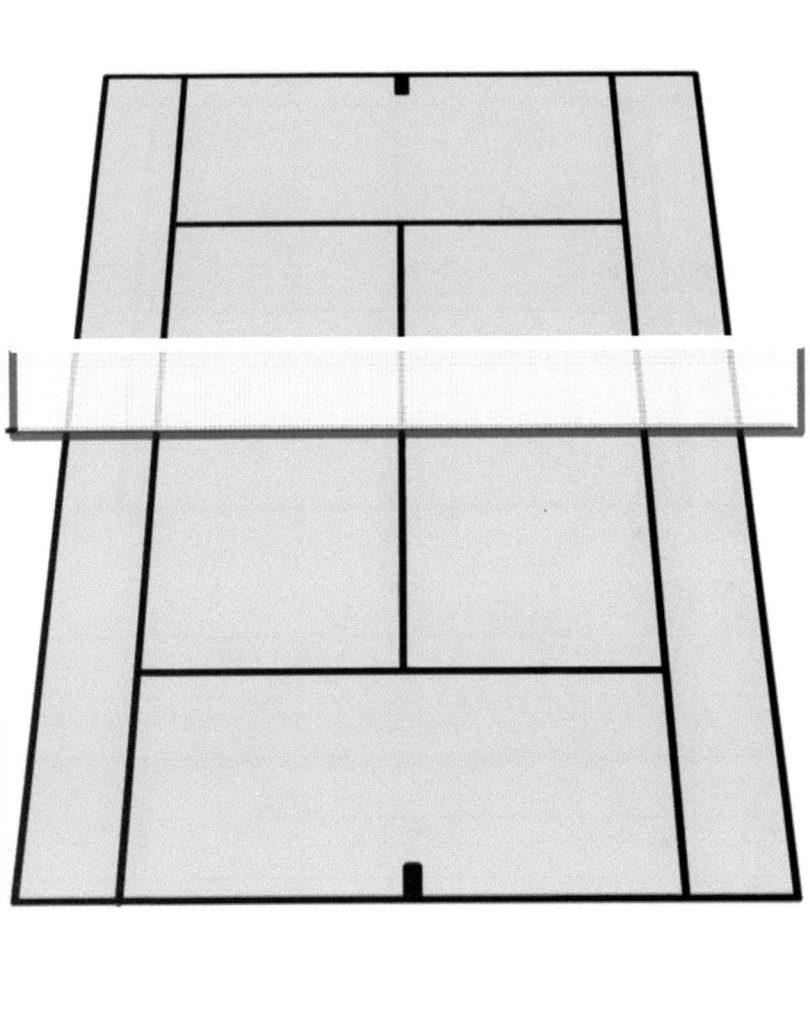

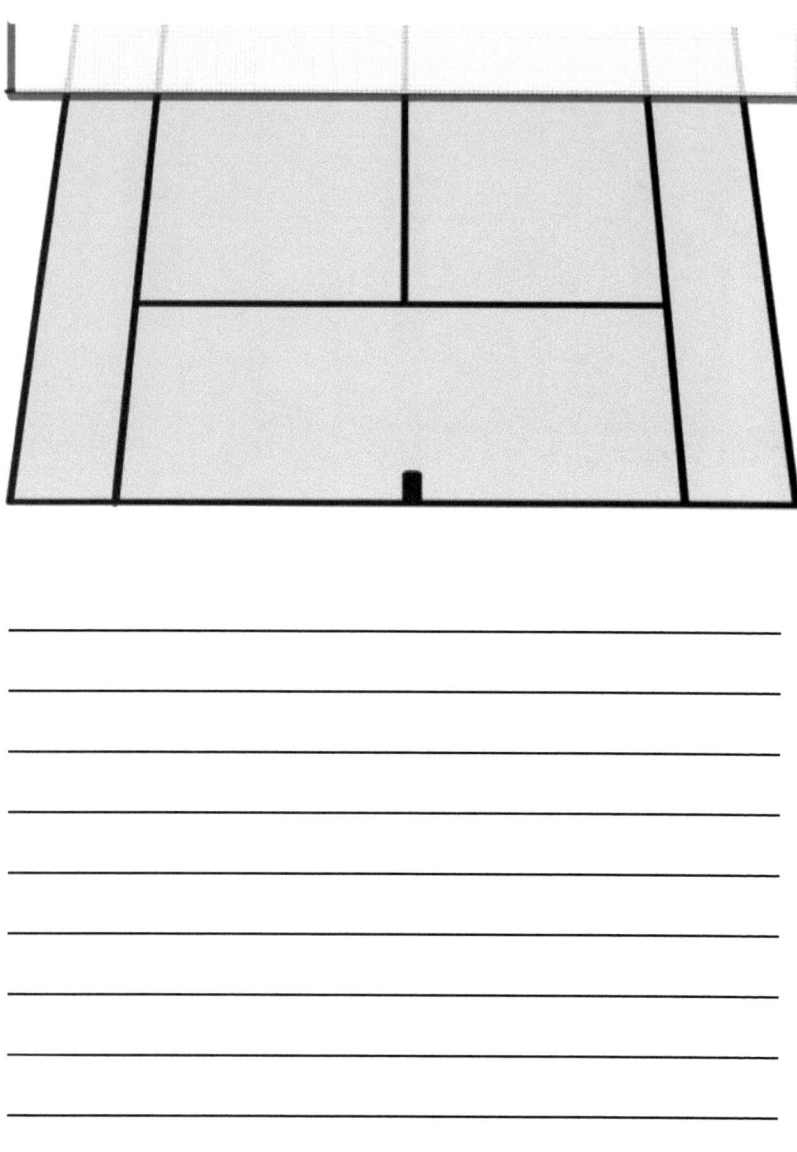

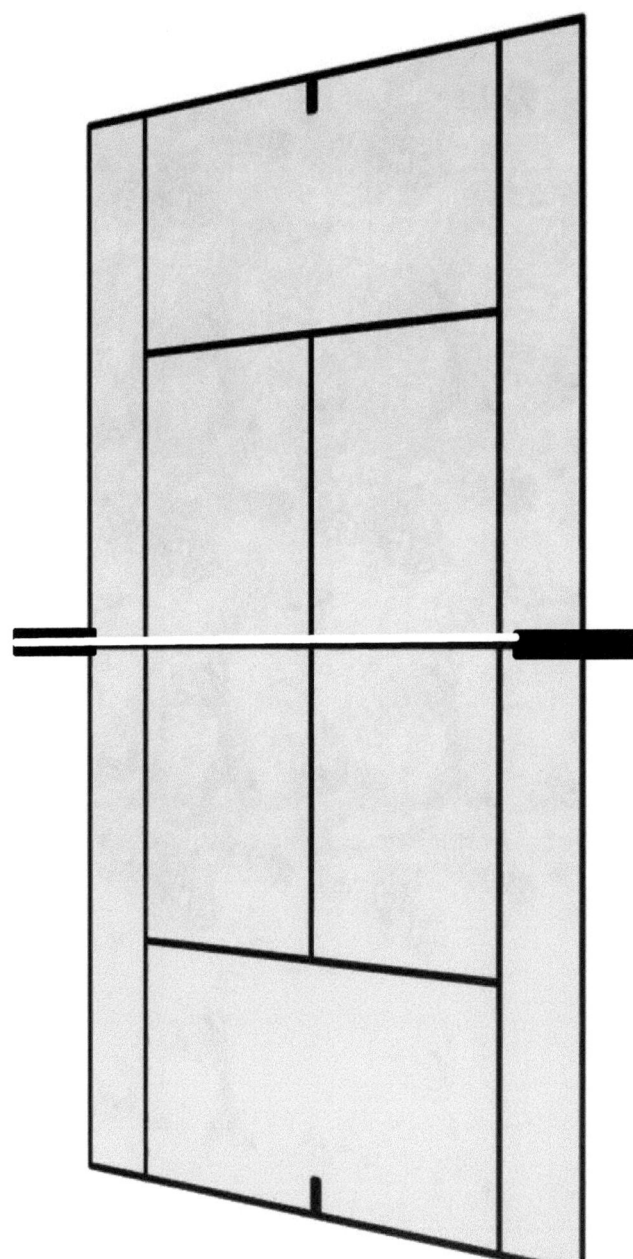

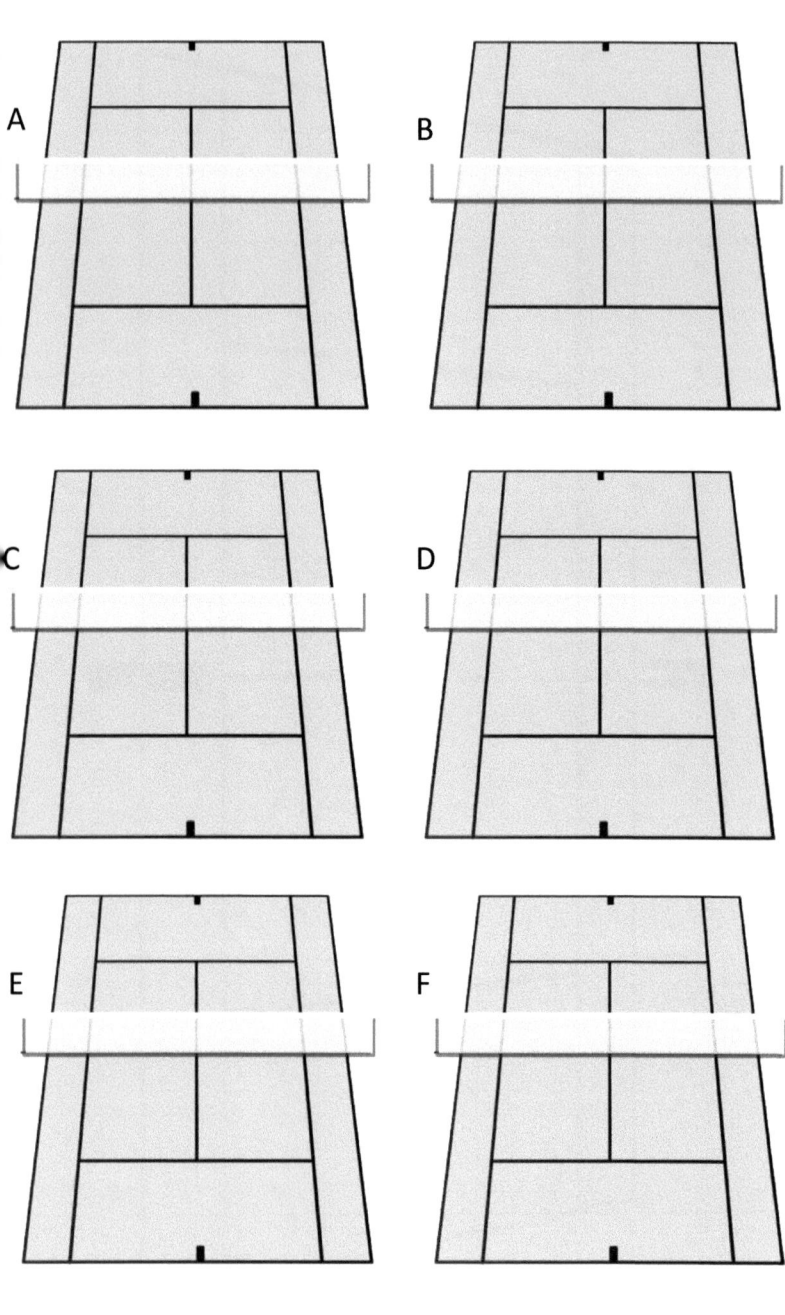

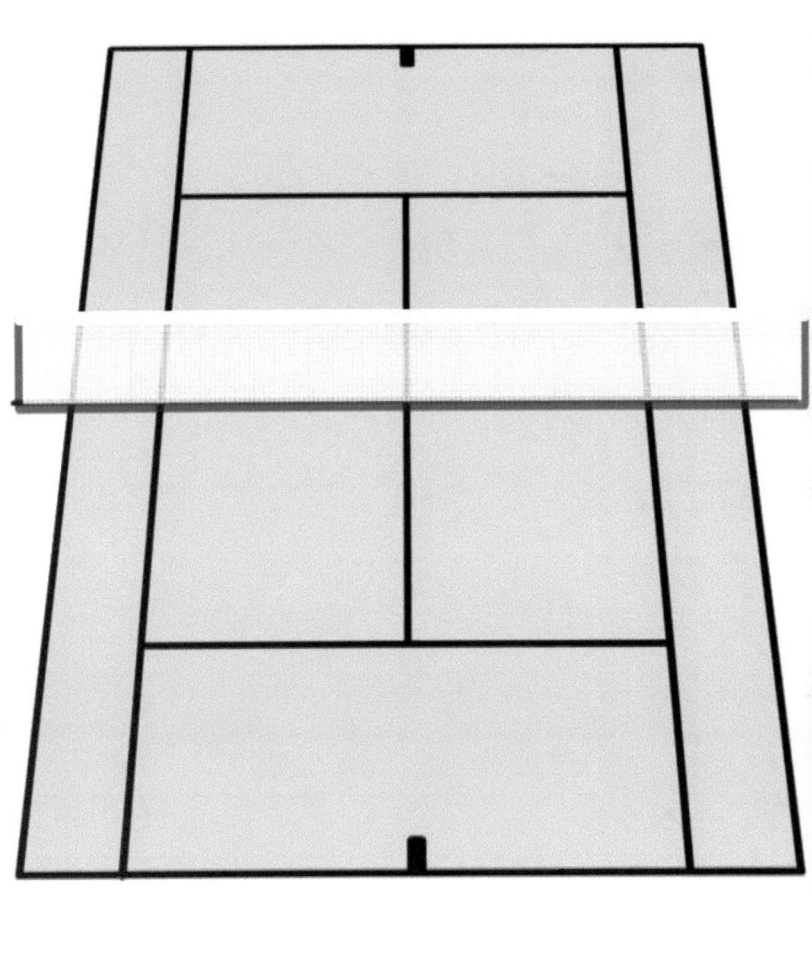

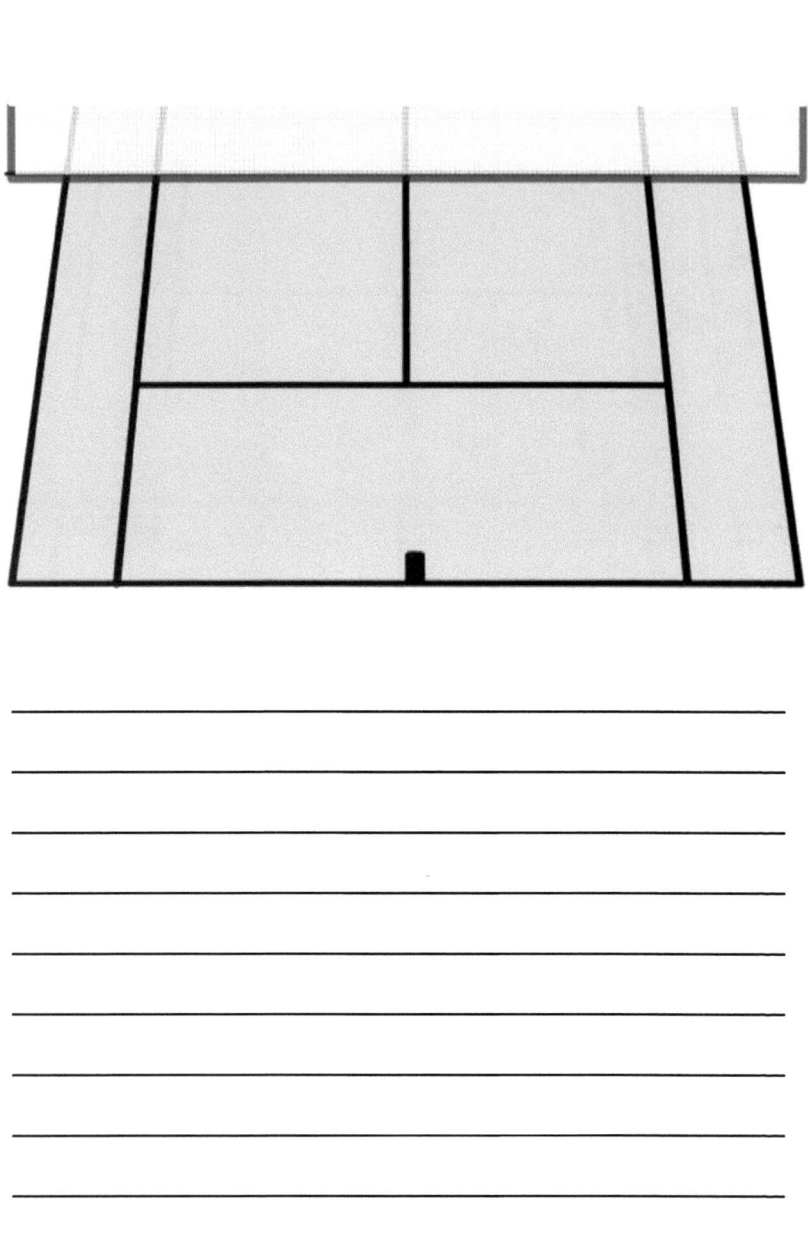

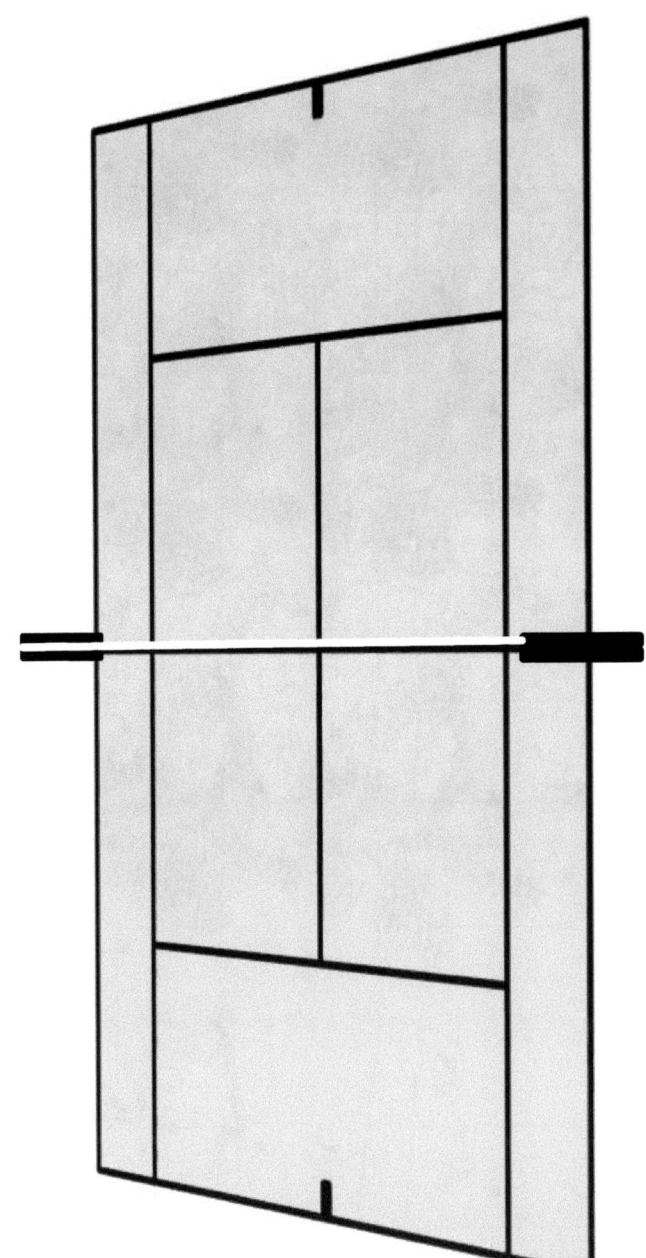

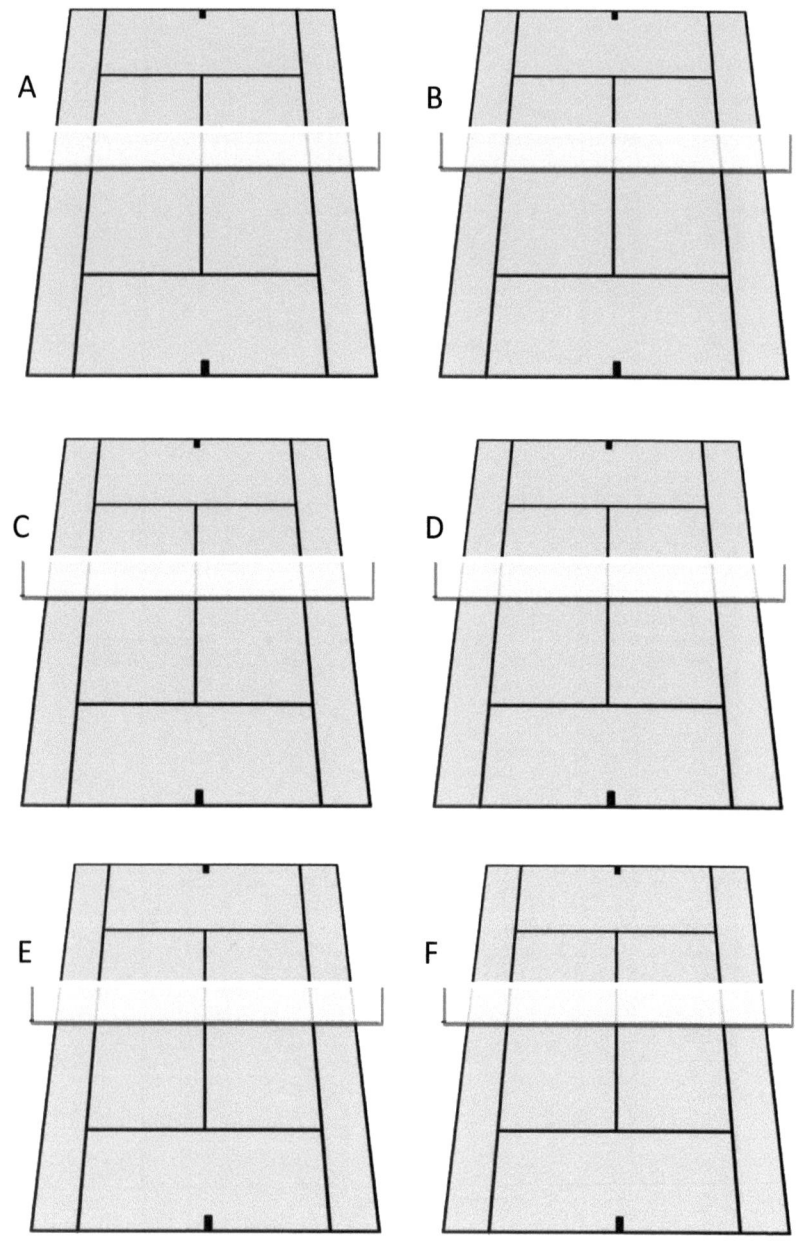

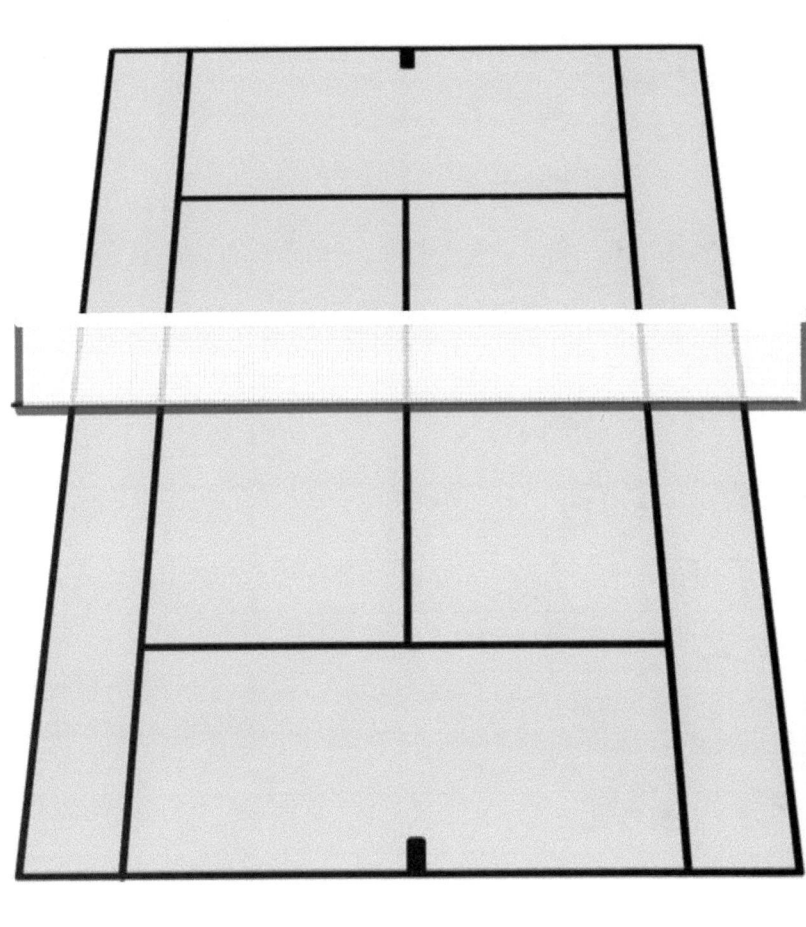

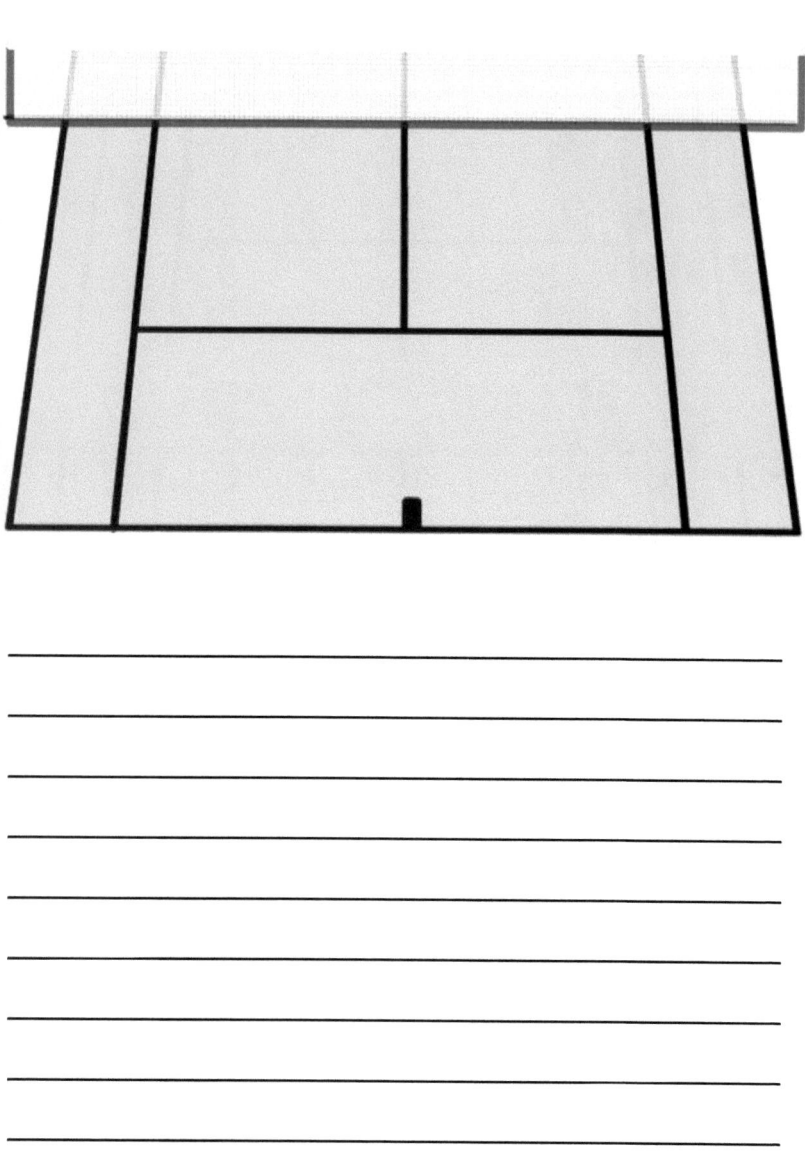

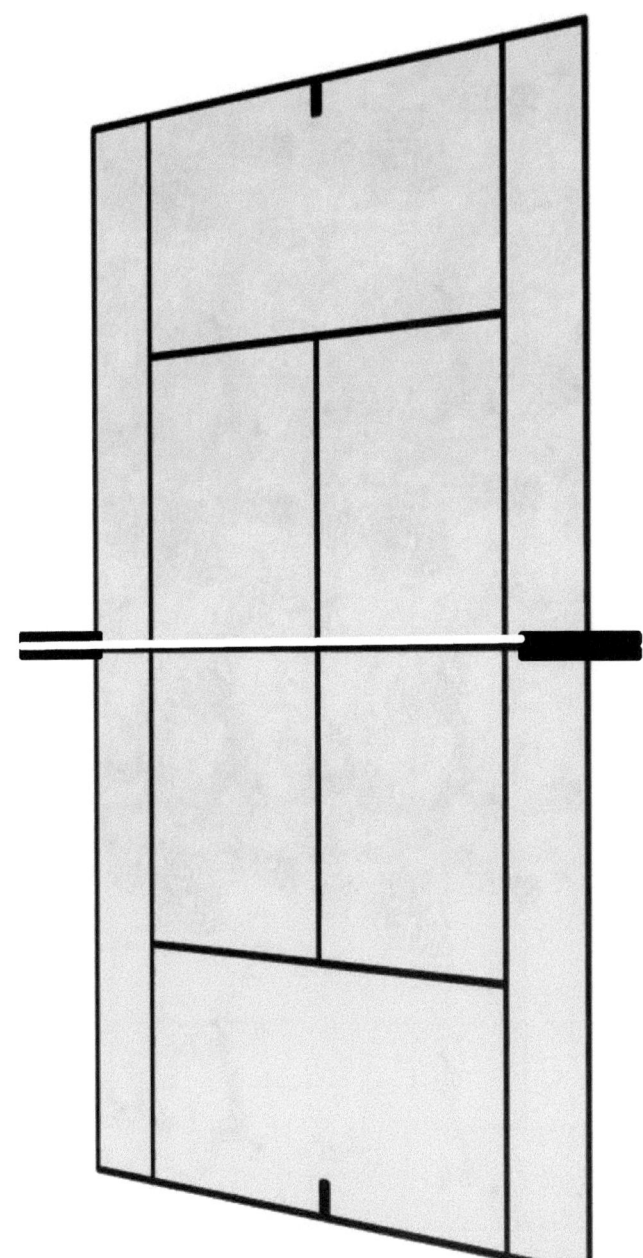

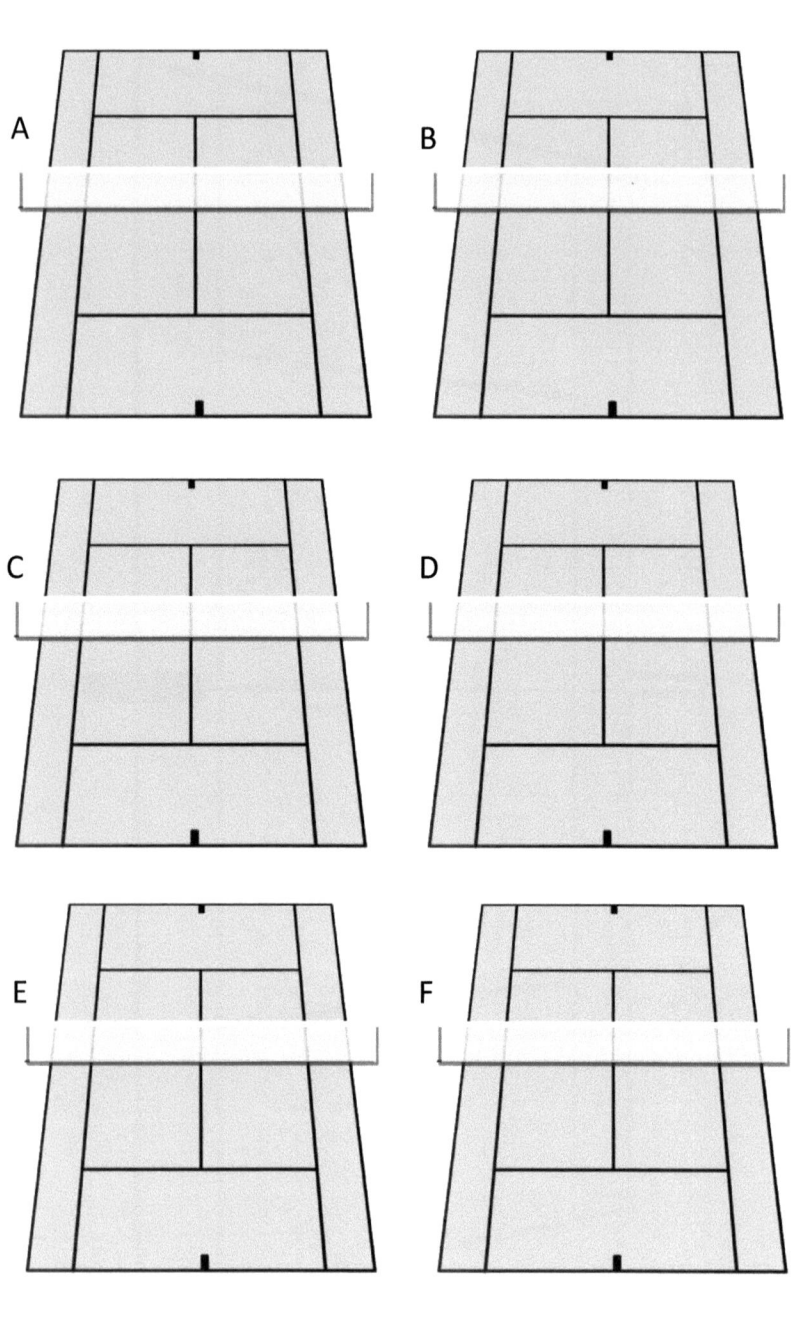

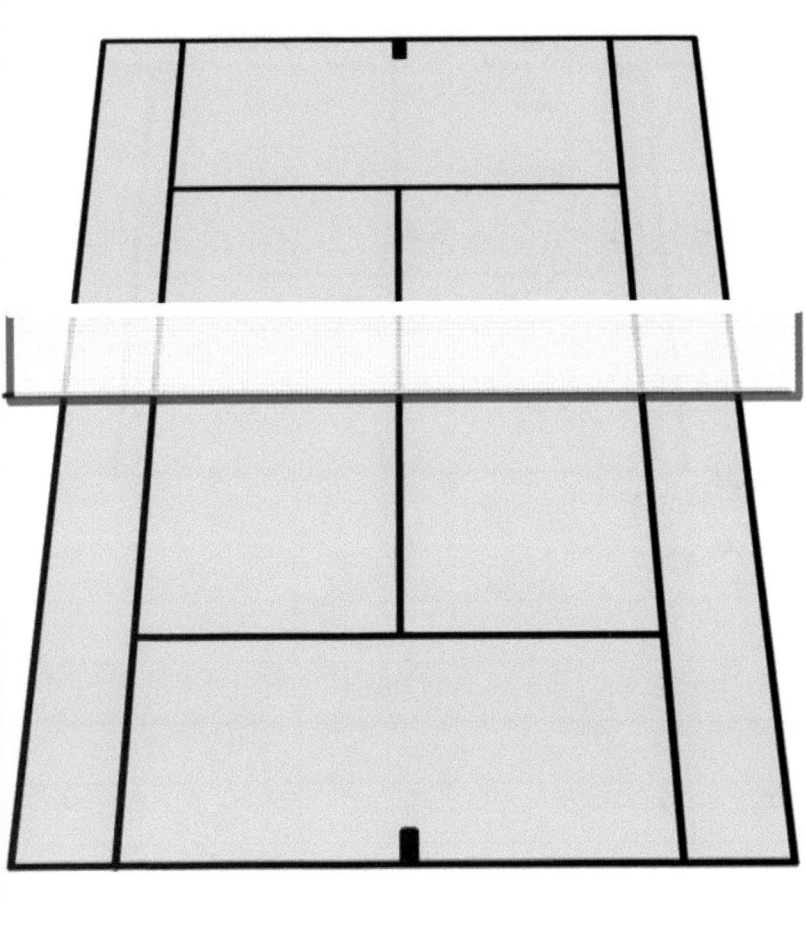

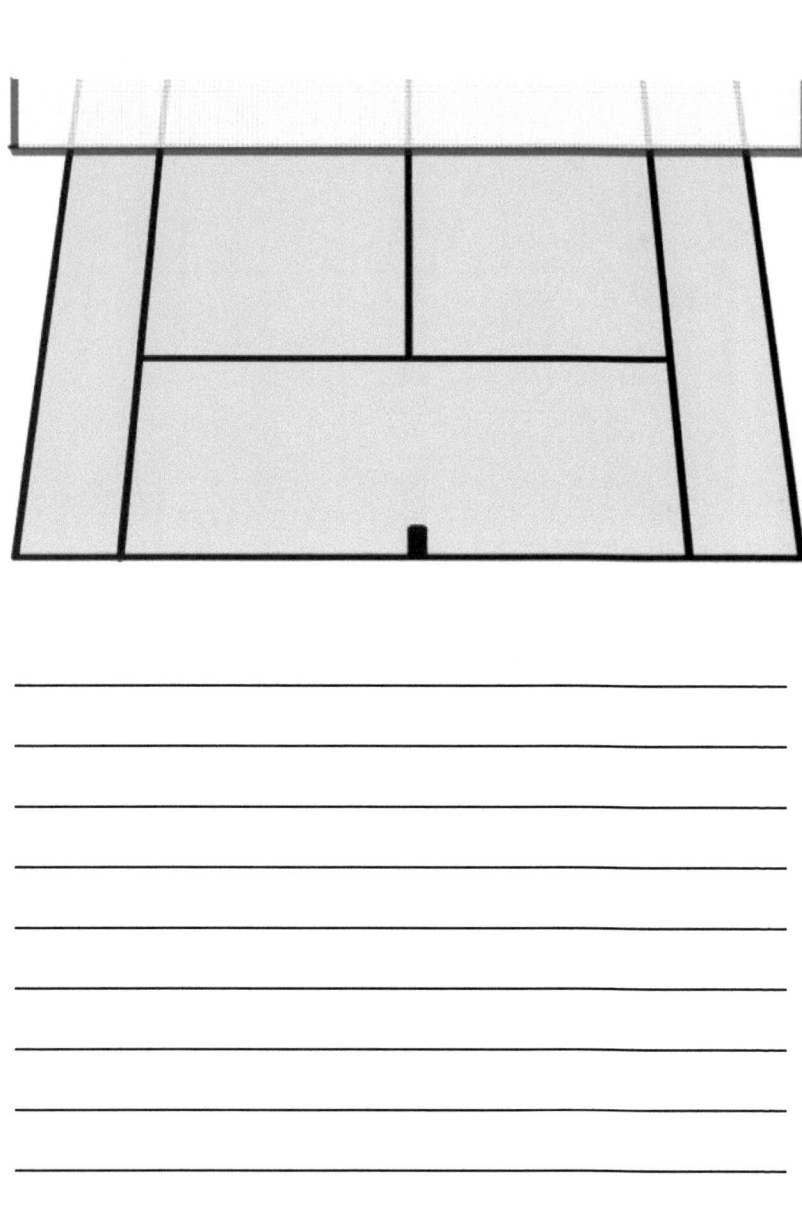
_____
_____
_____
_____
_____
_____
_____
_____
_____

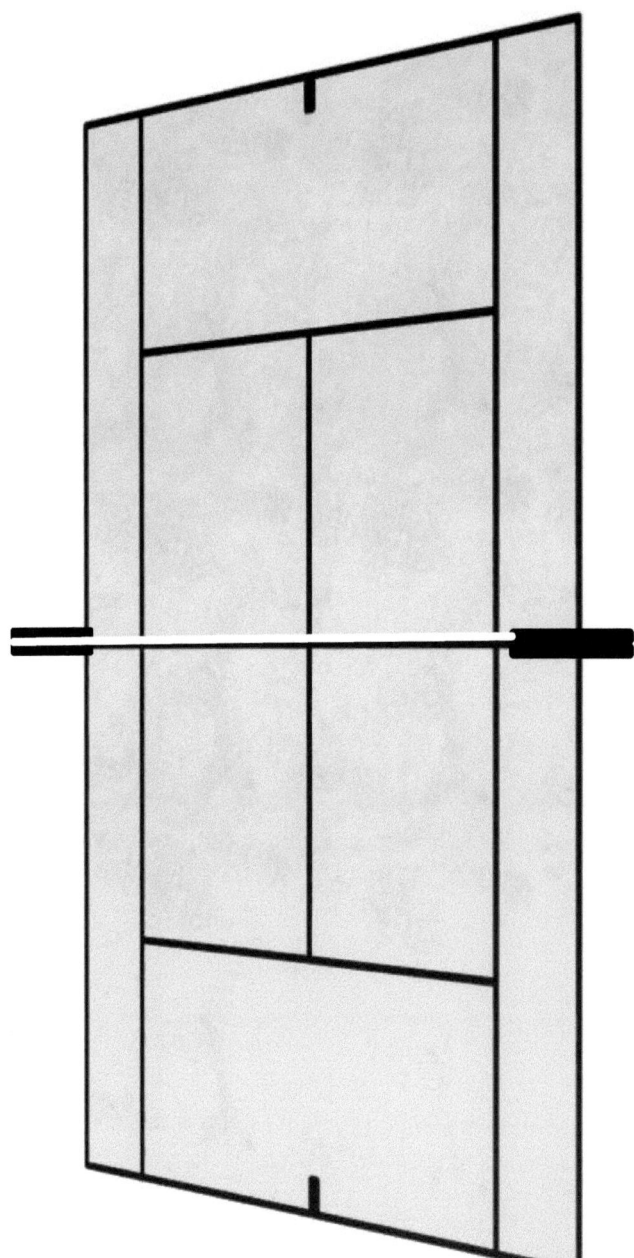

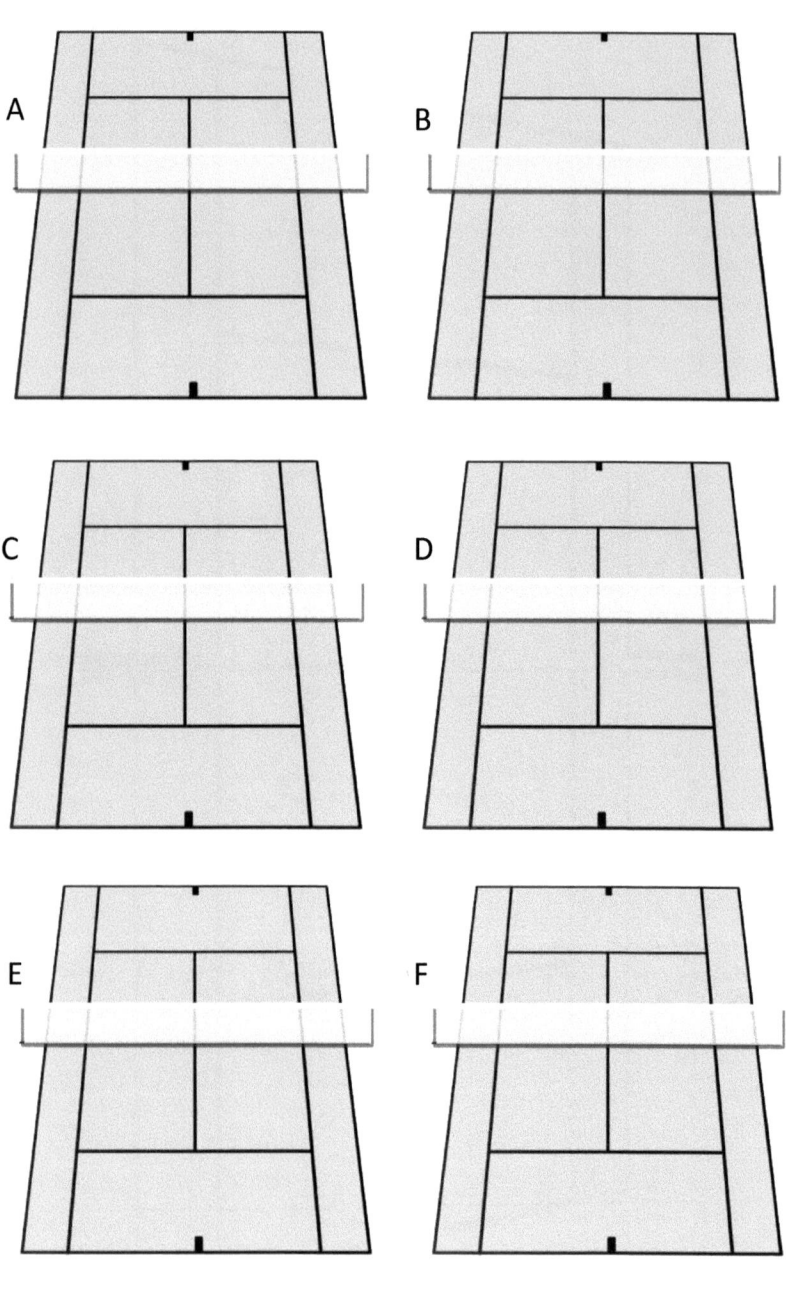

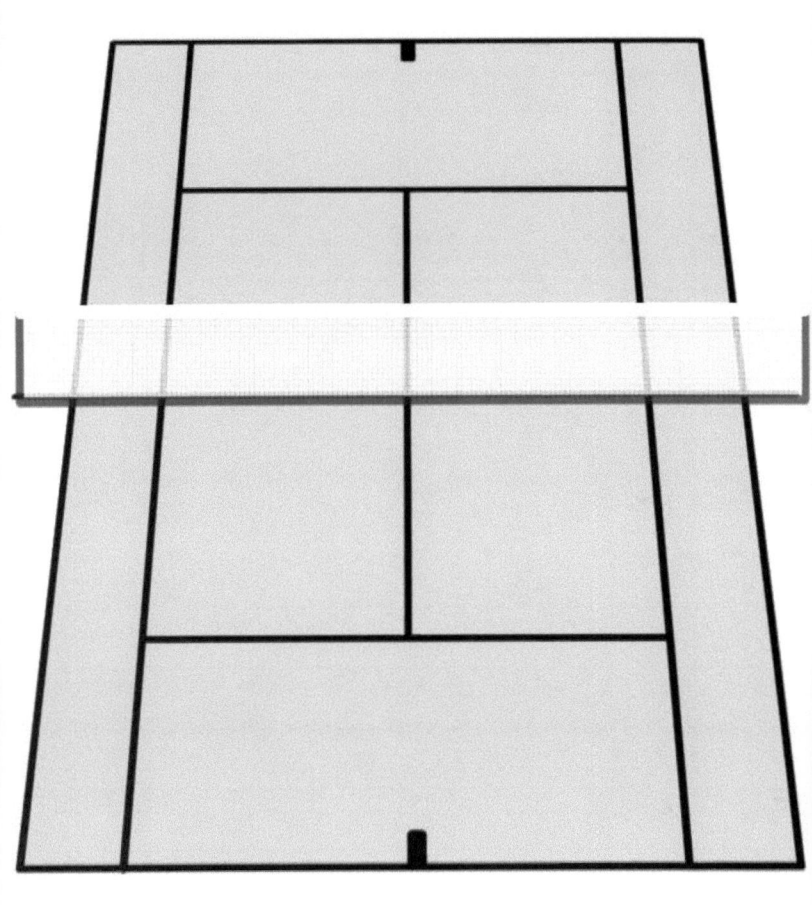

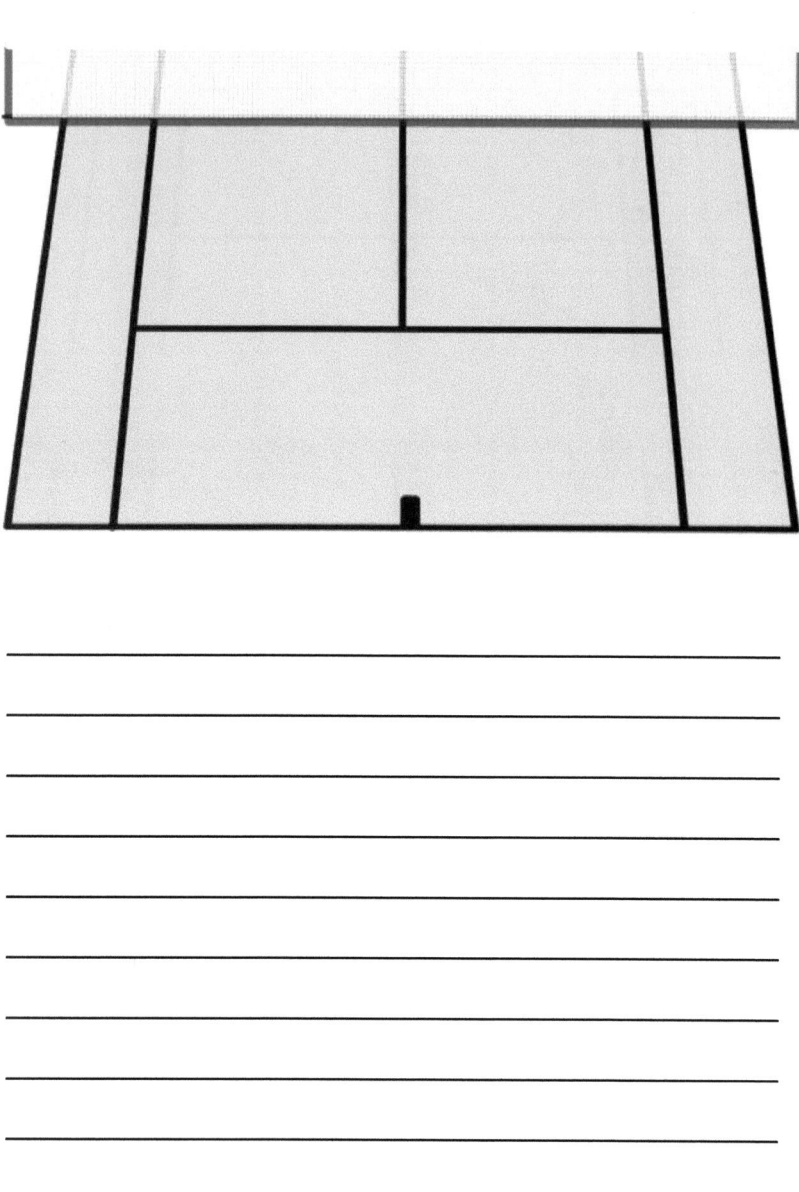

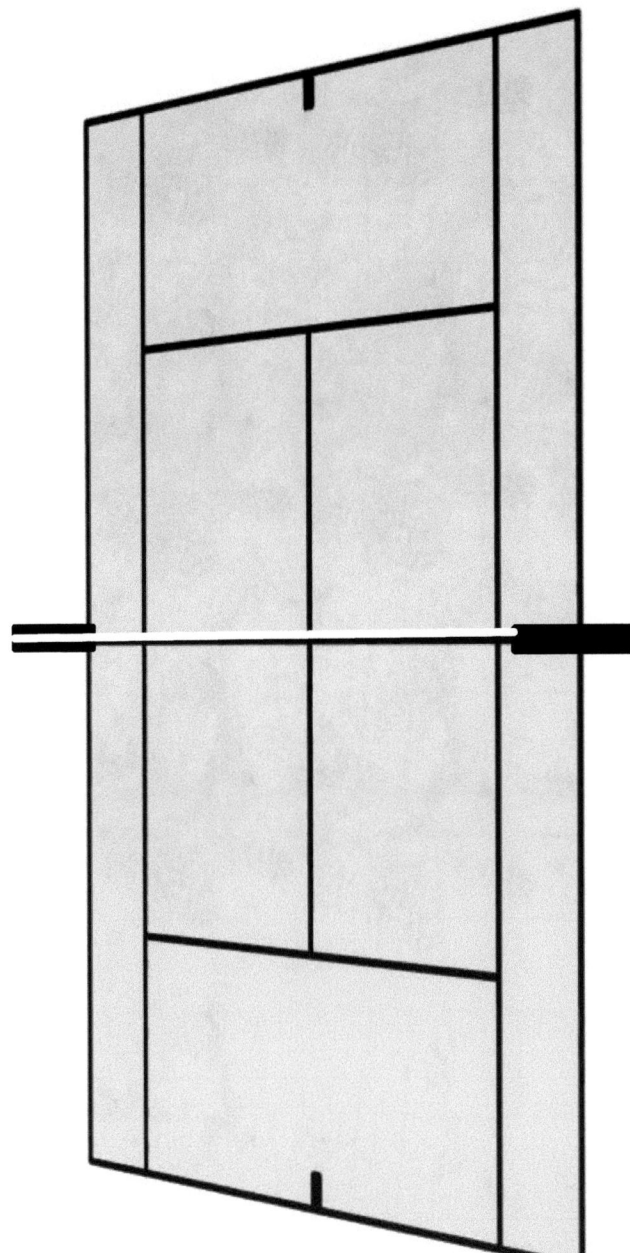

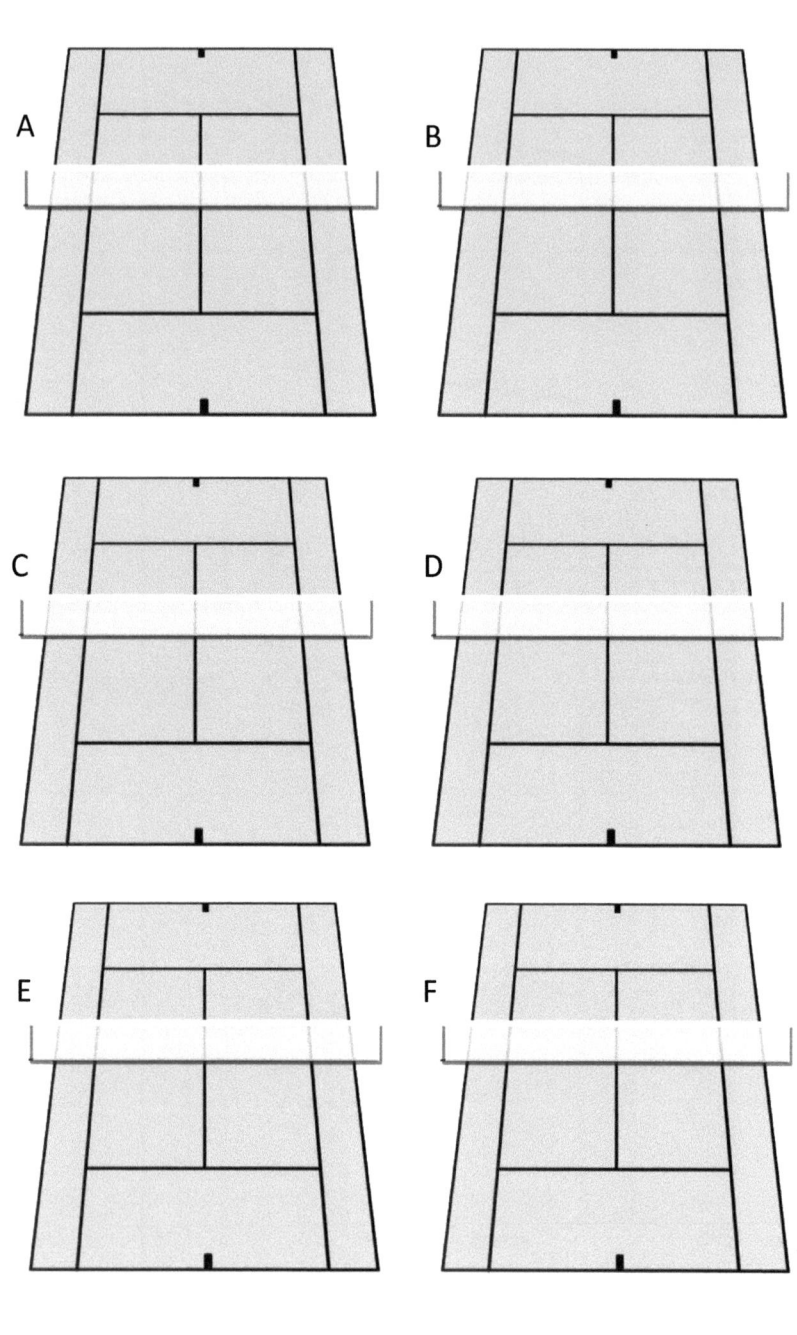

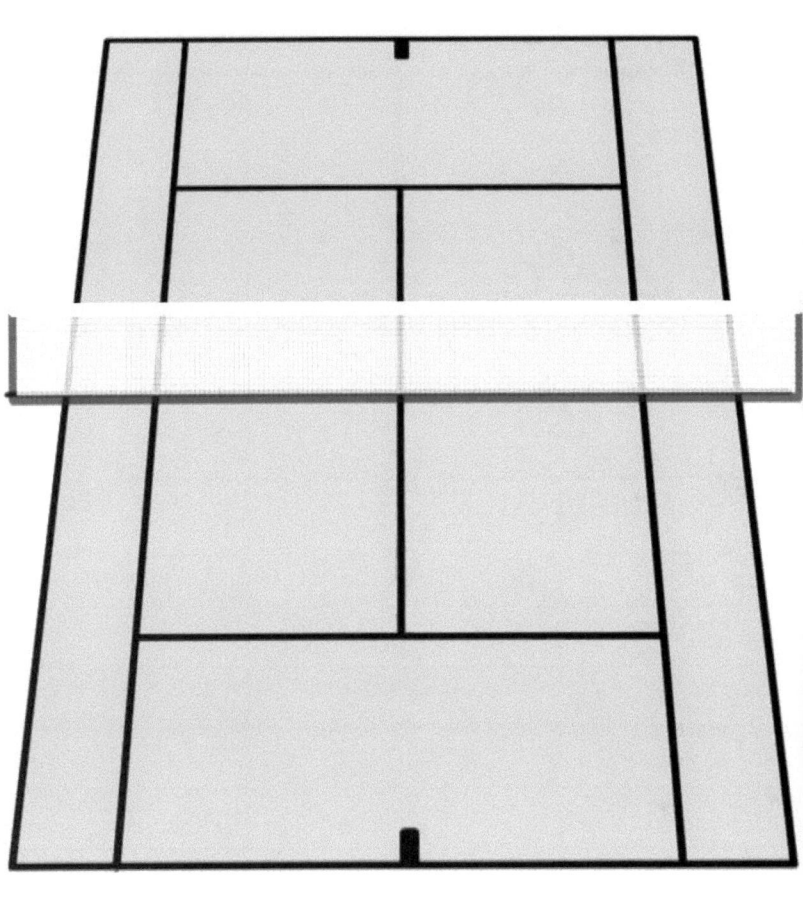

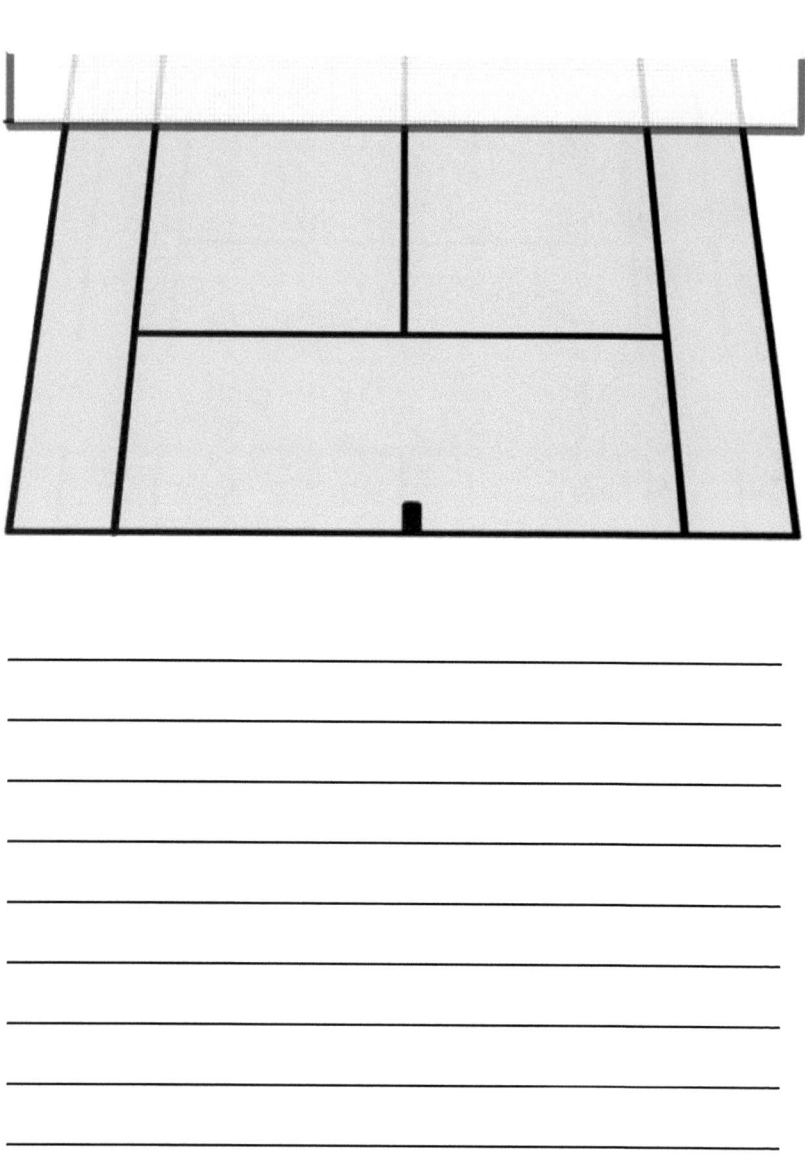

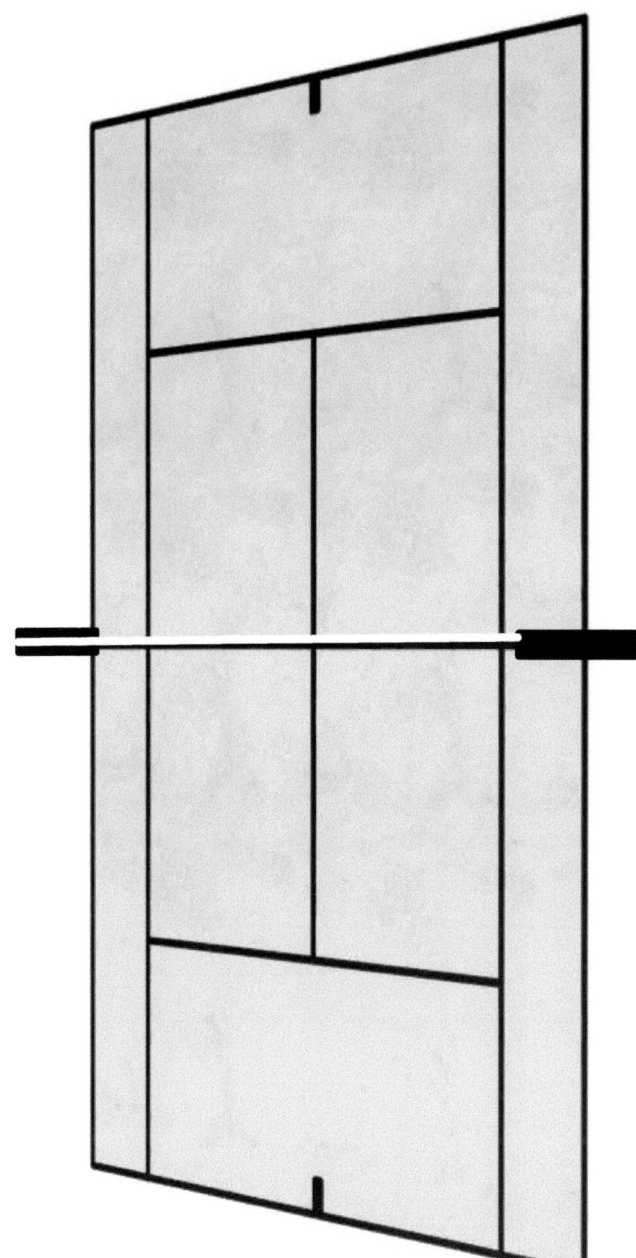

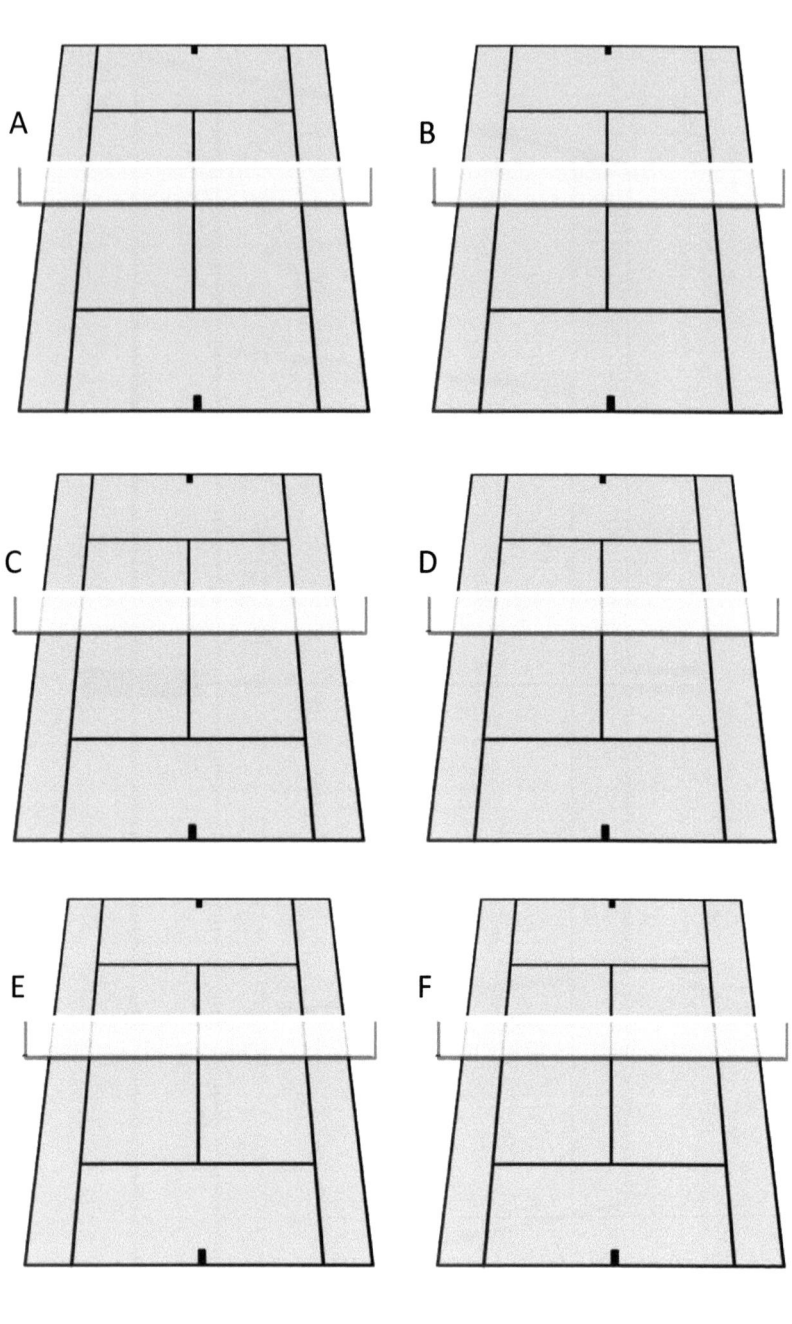

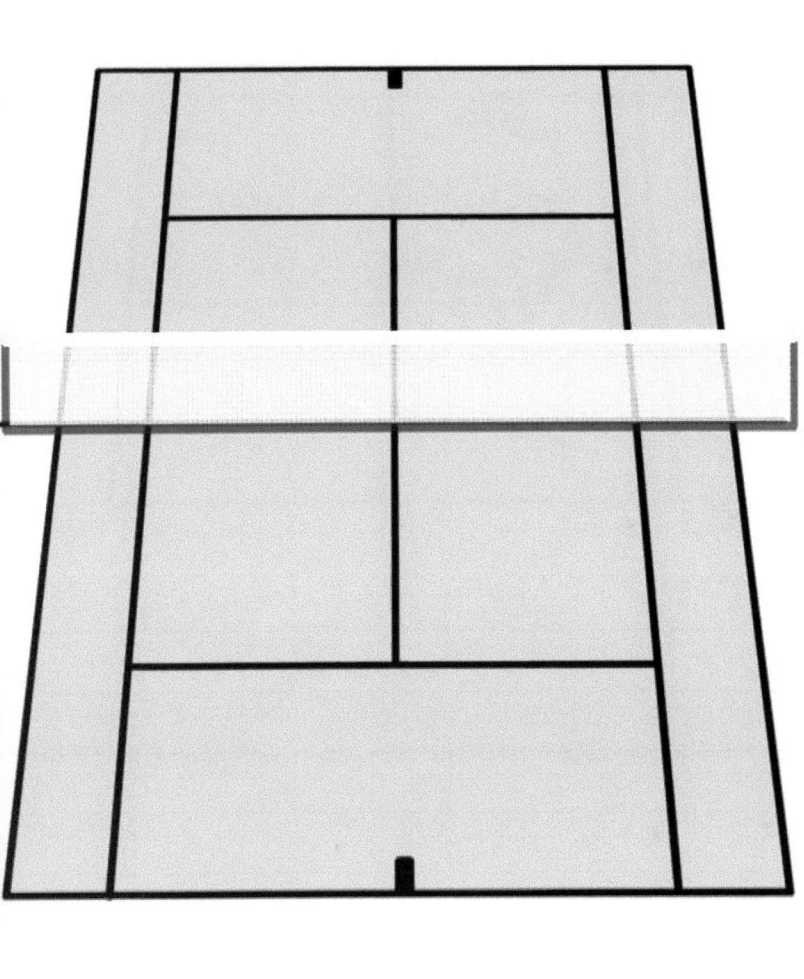

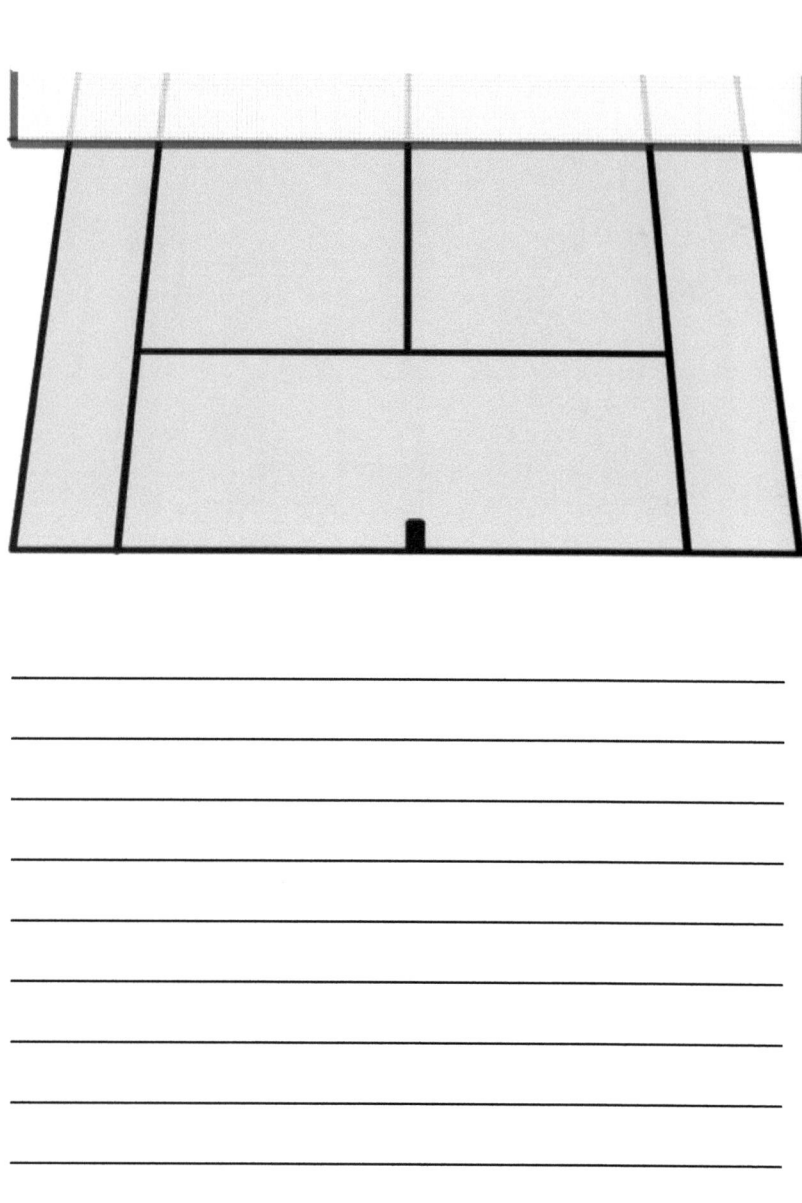

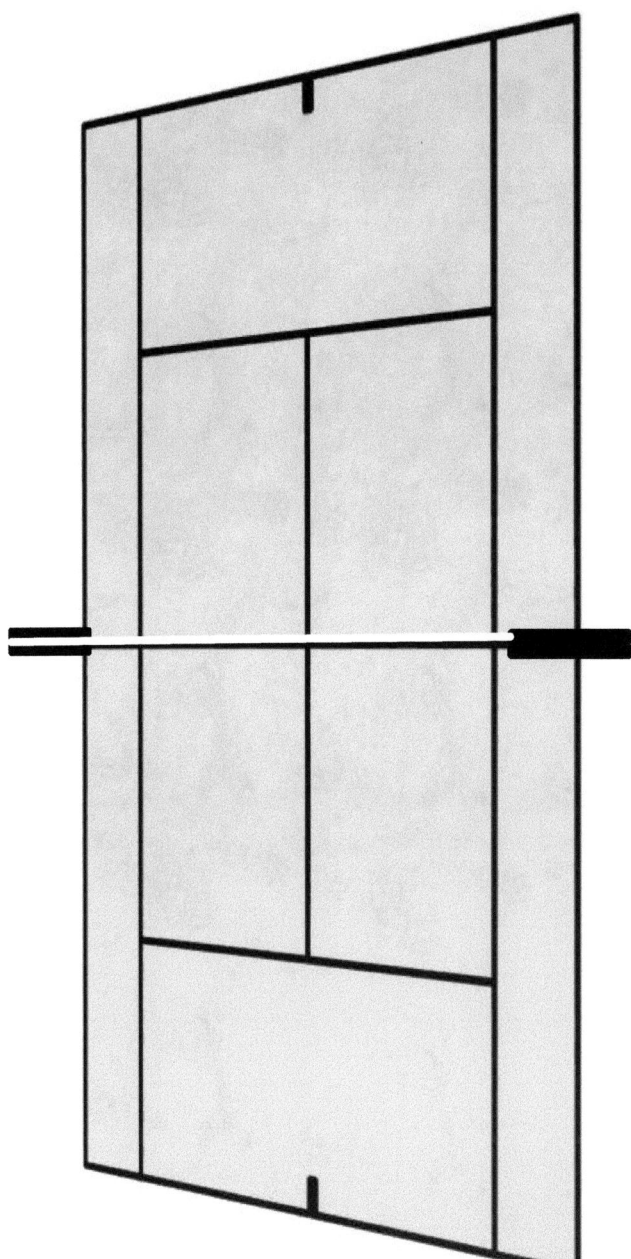

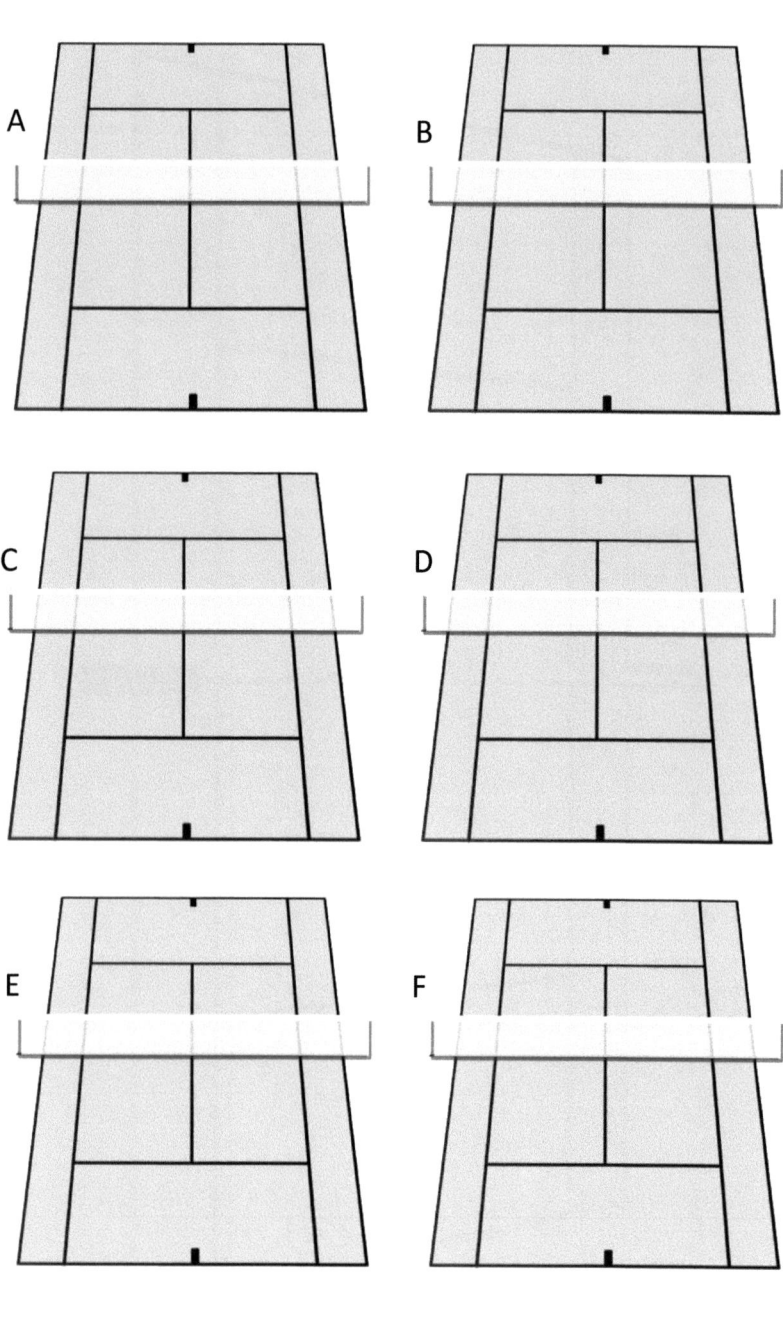

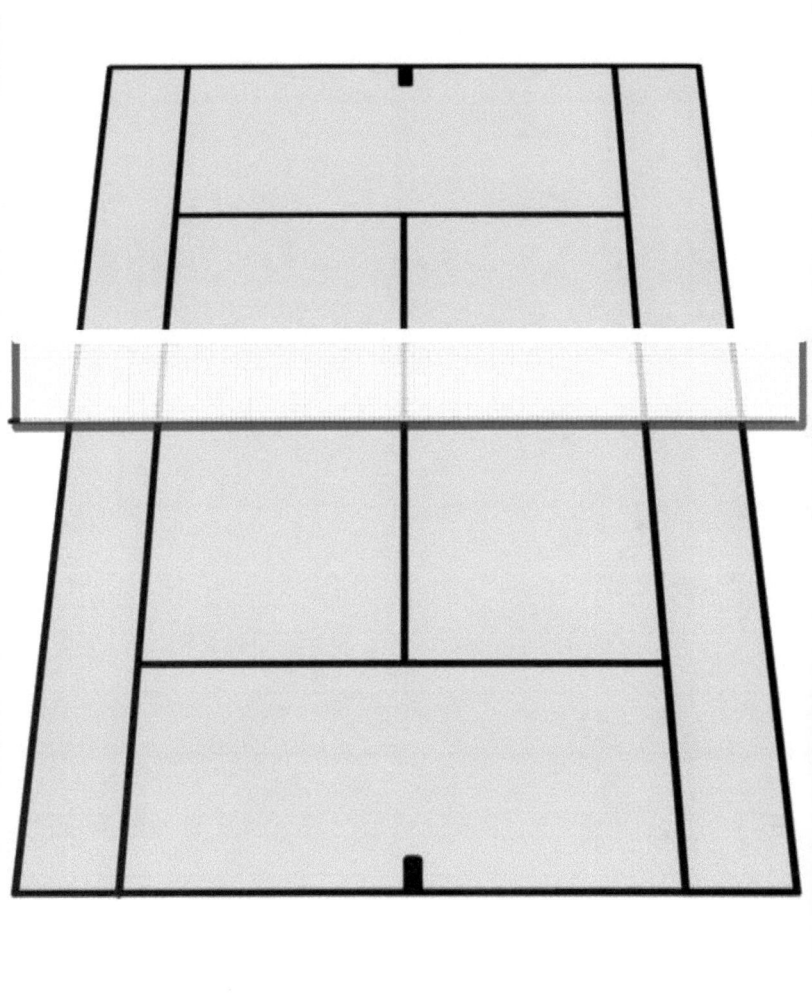

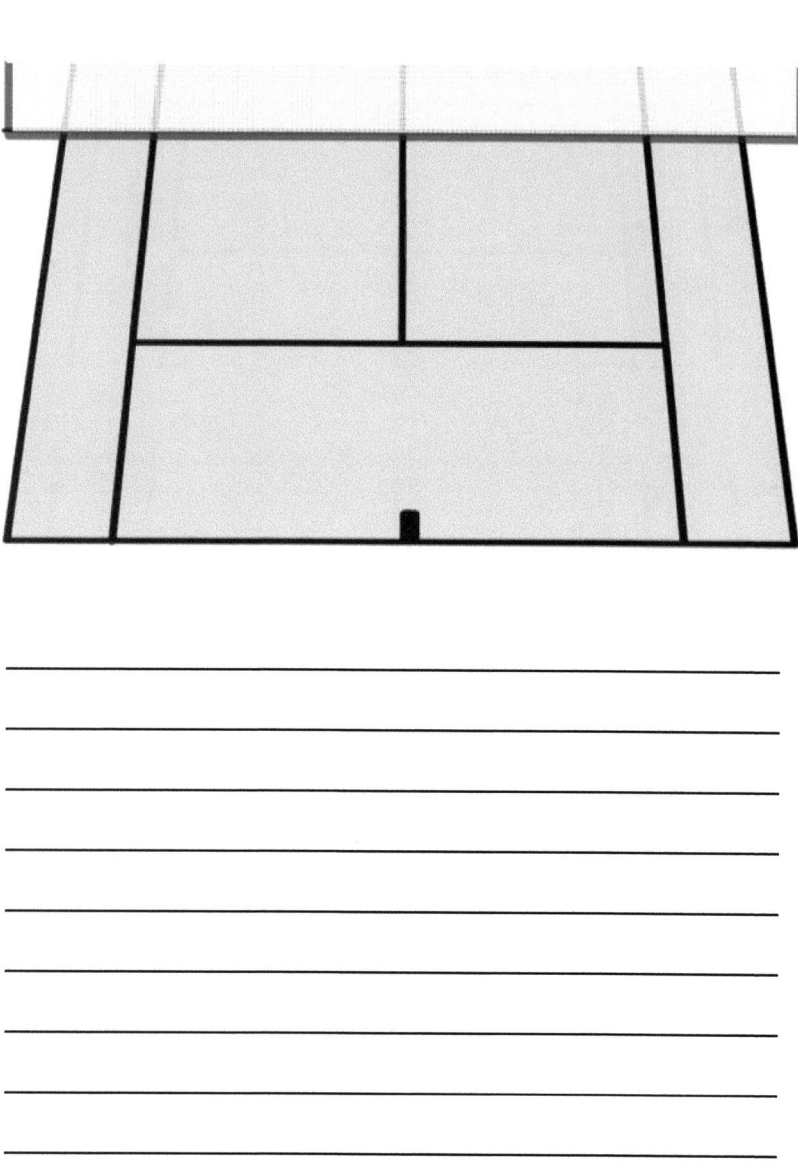

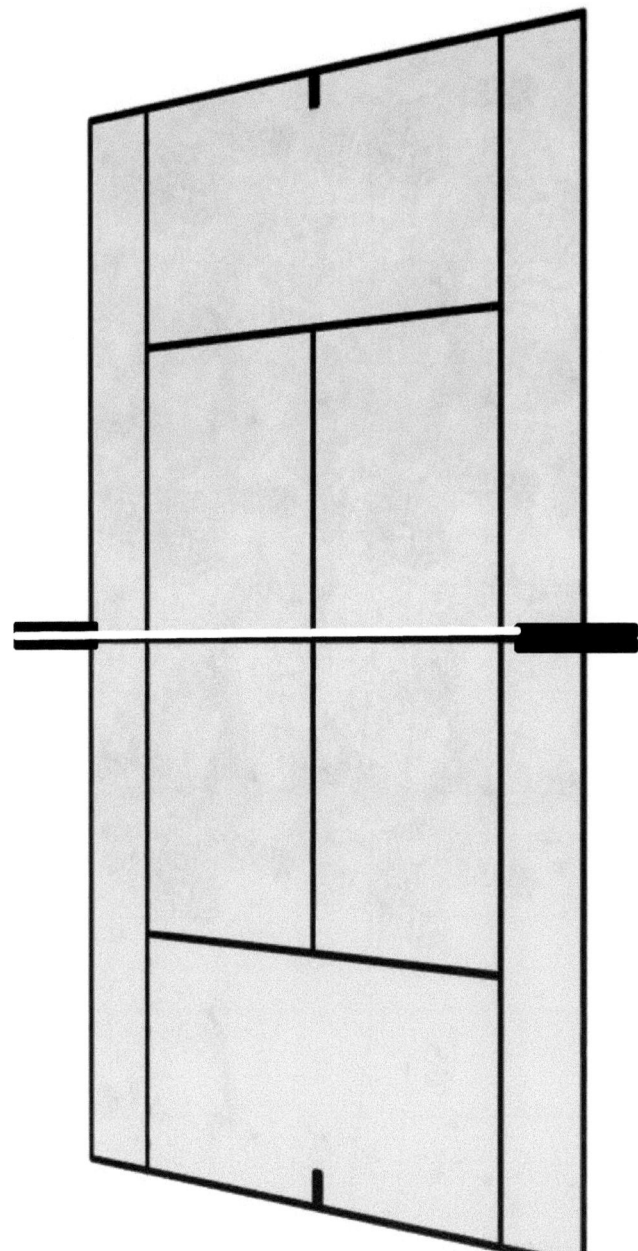

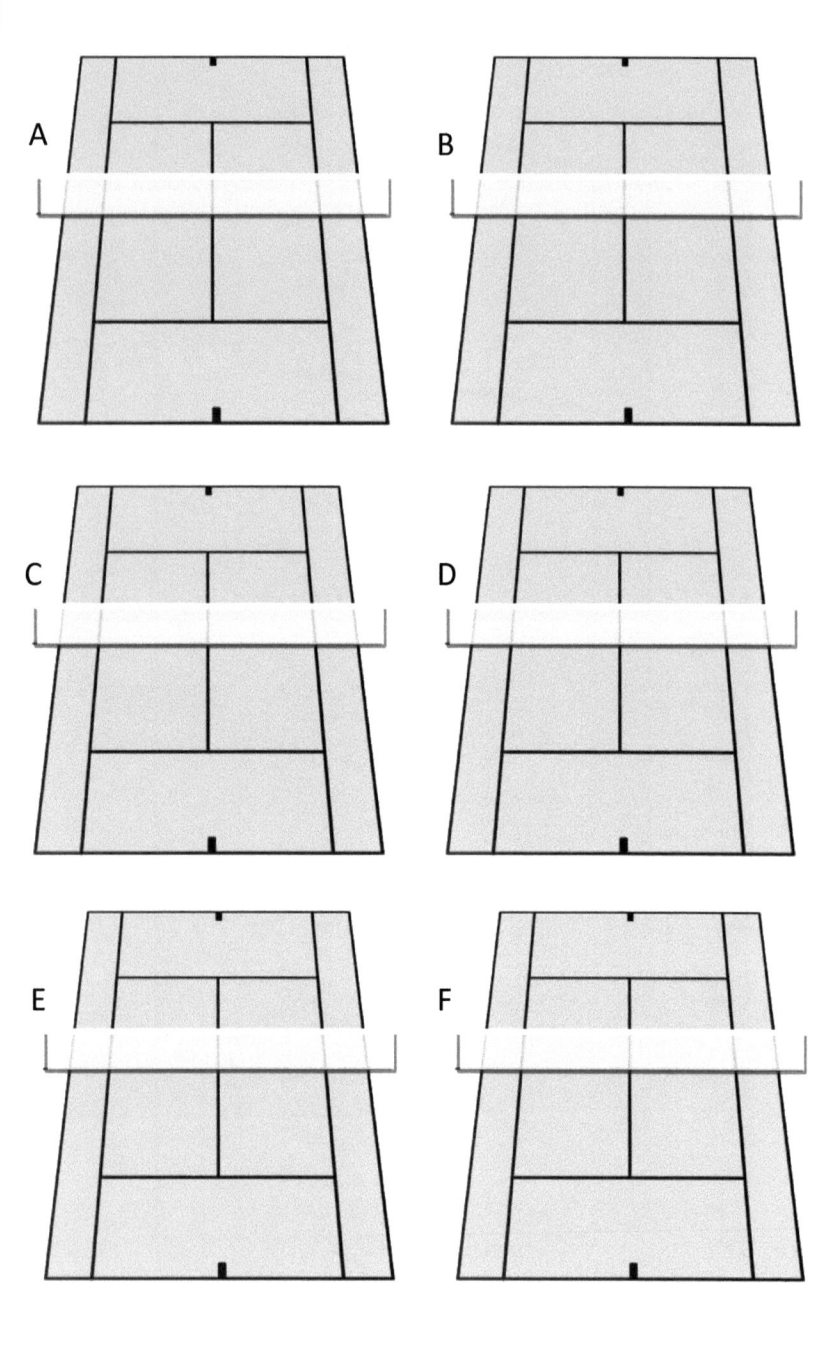

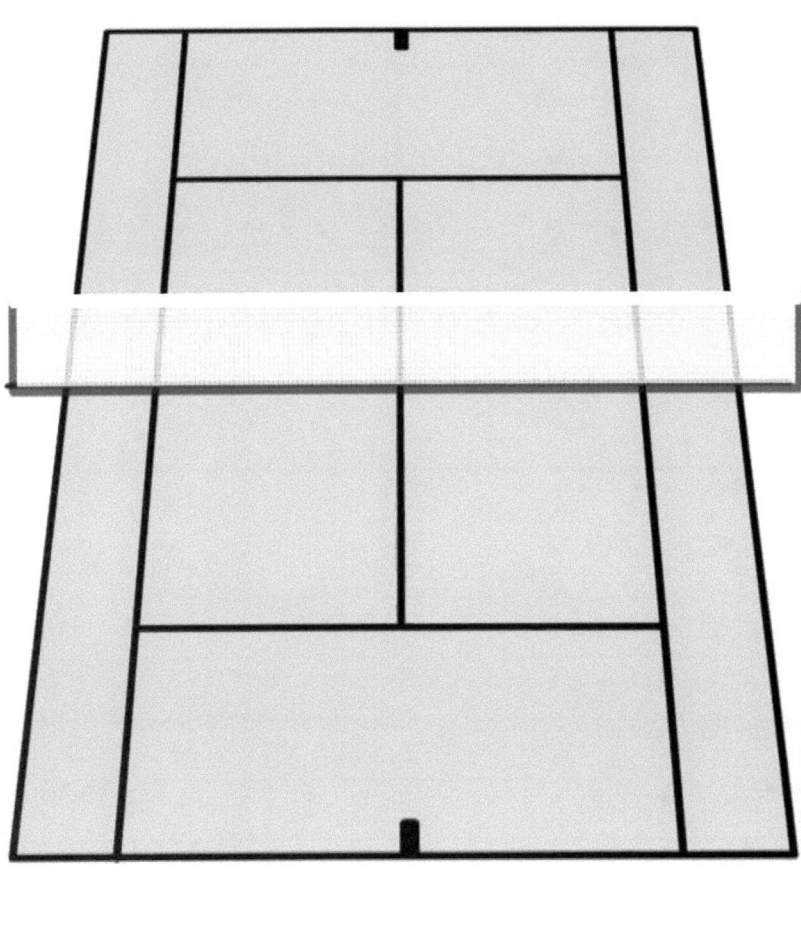

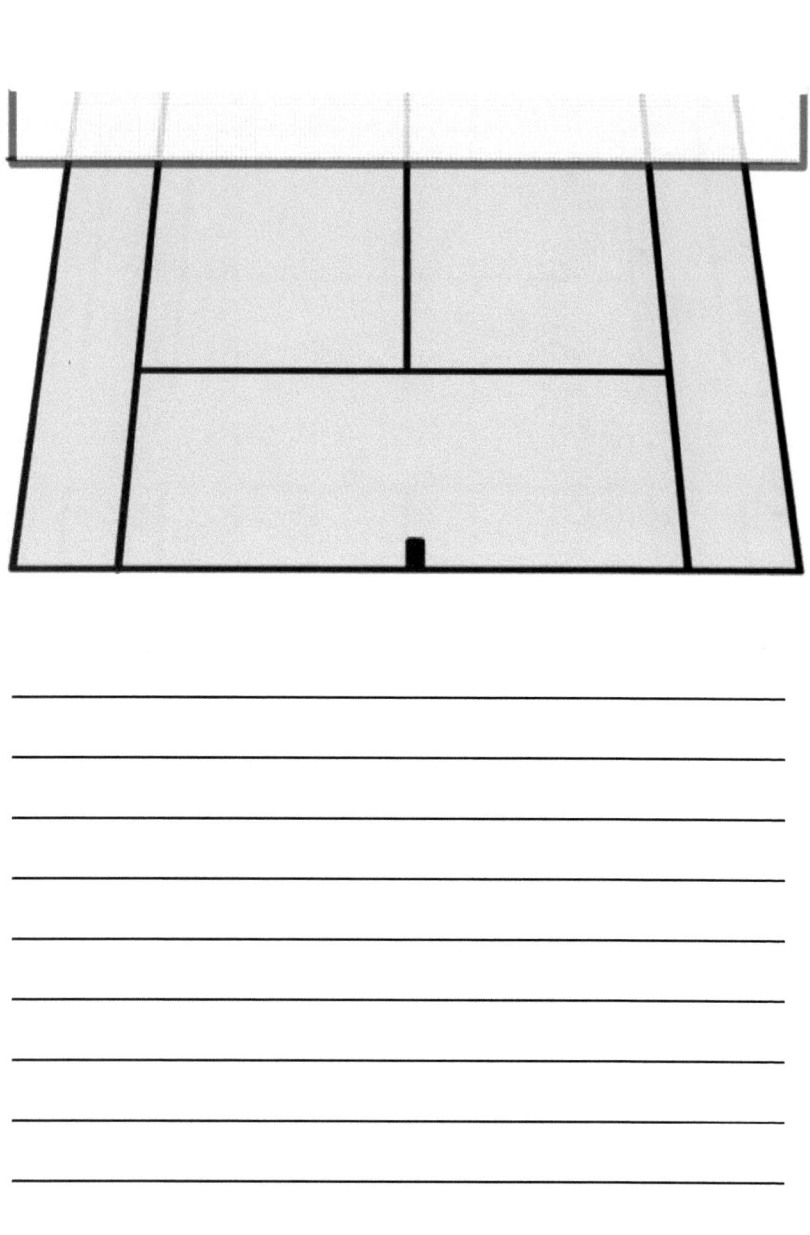

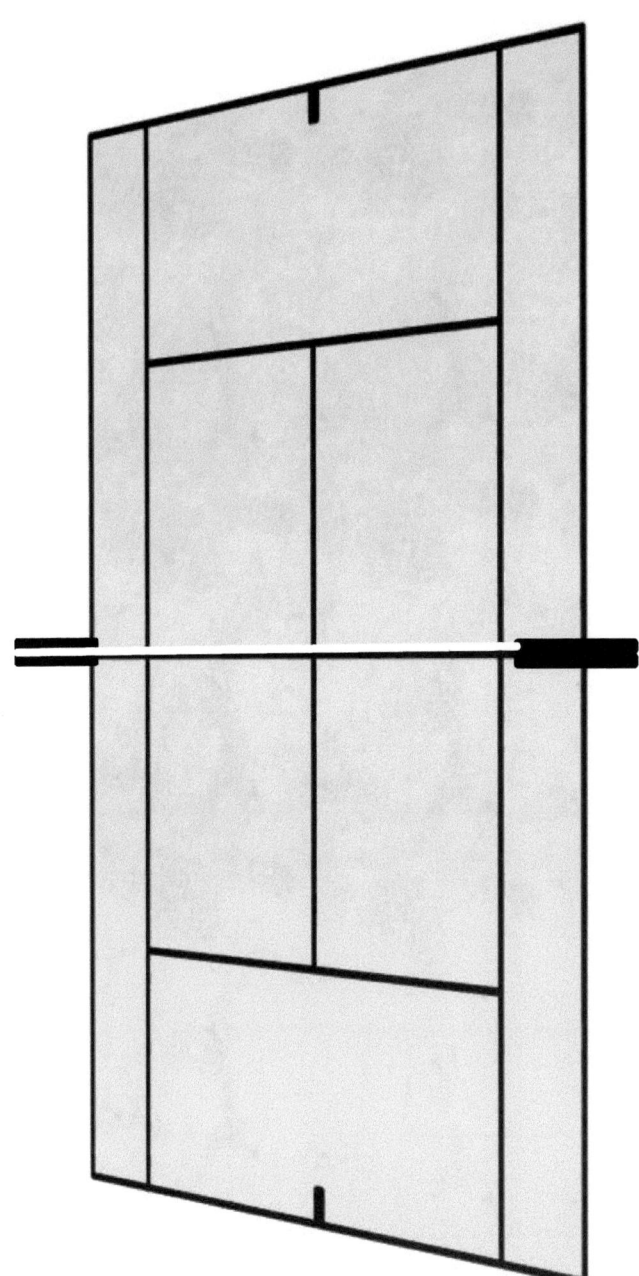

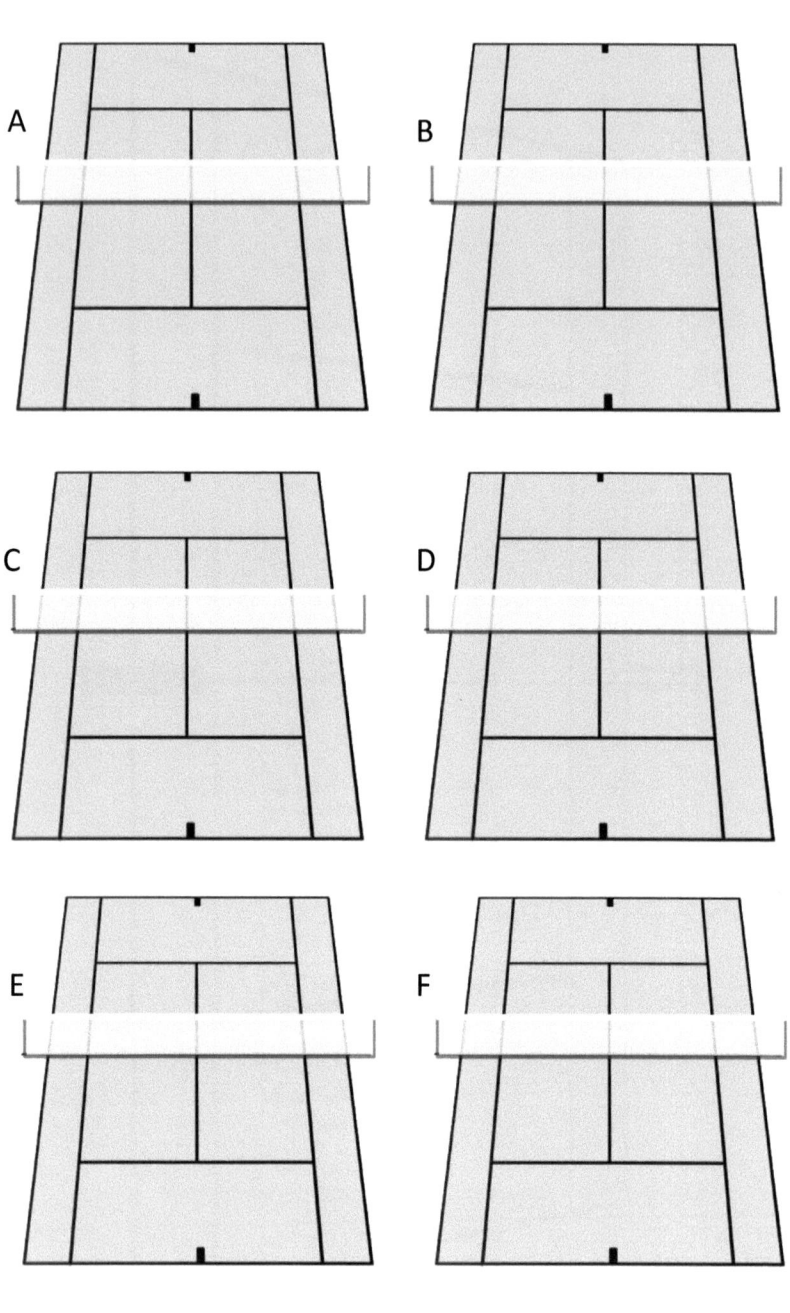

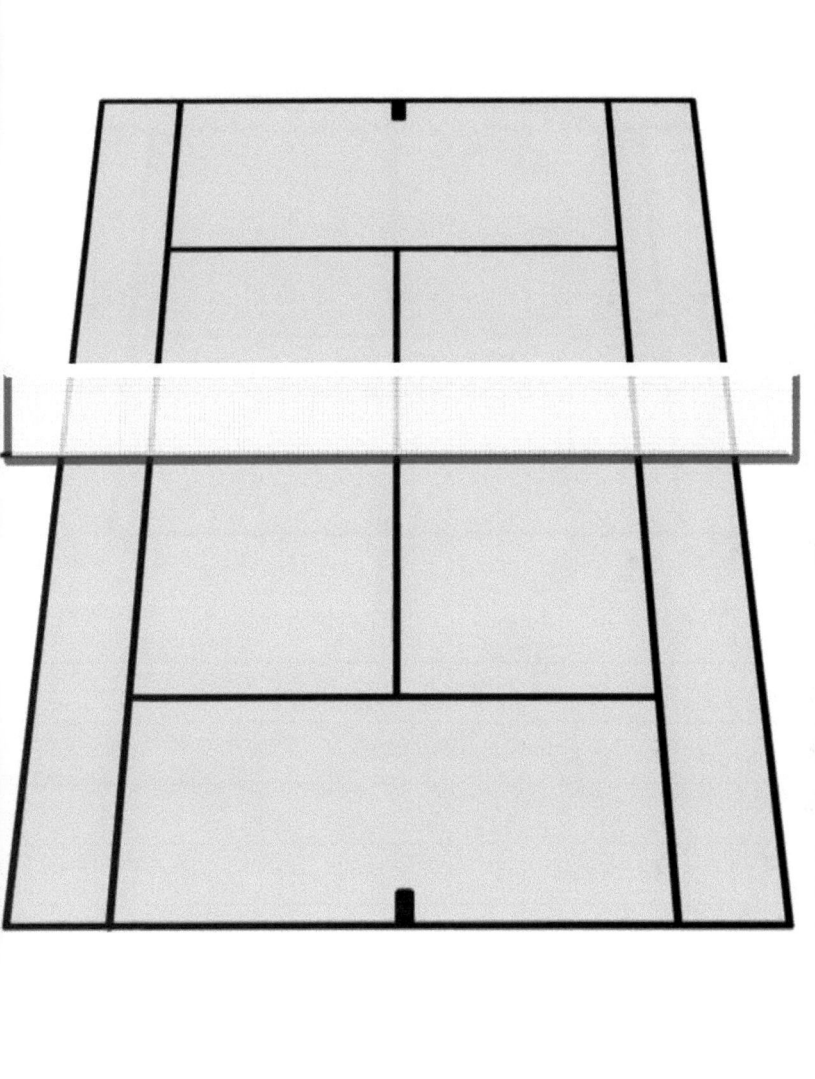

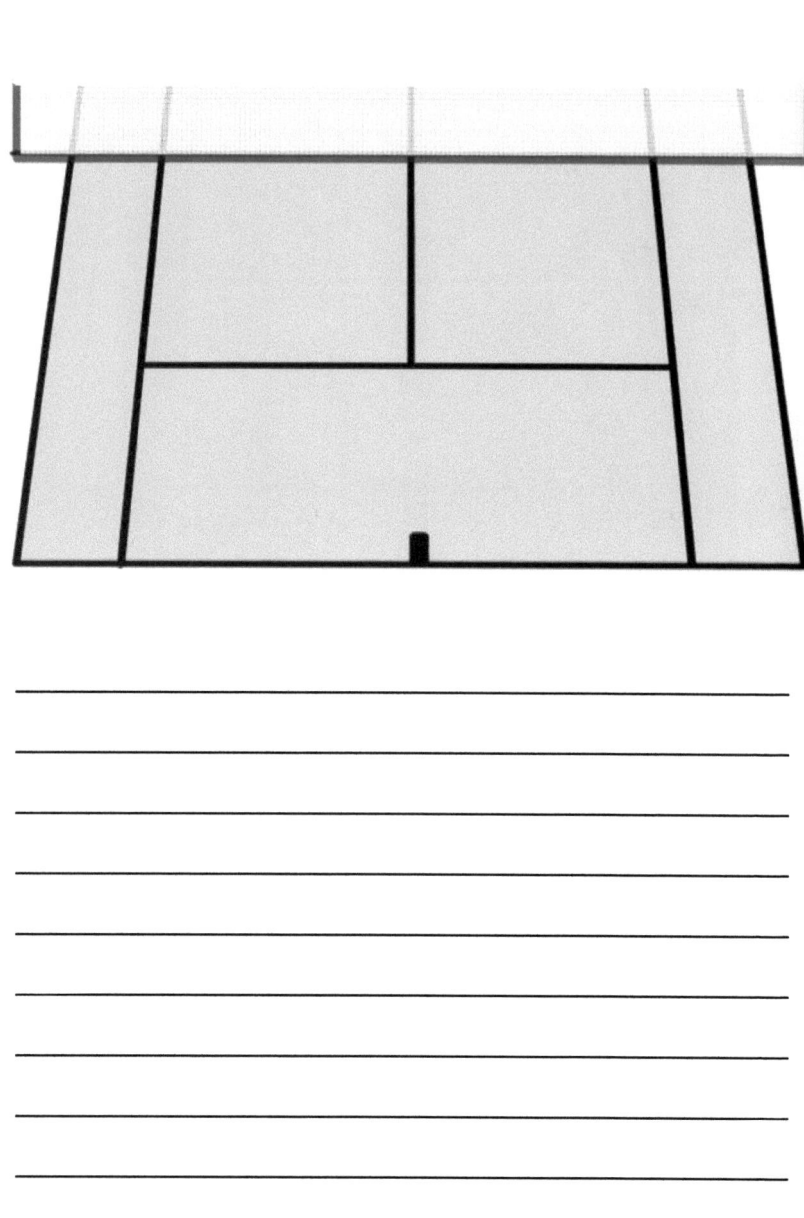

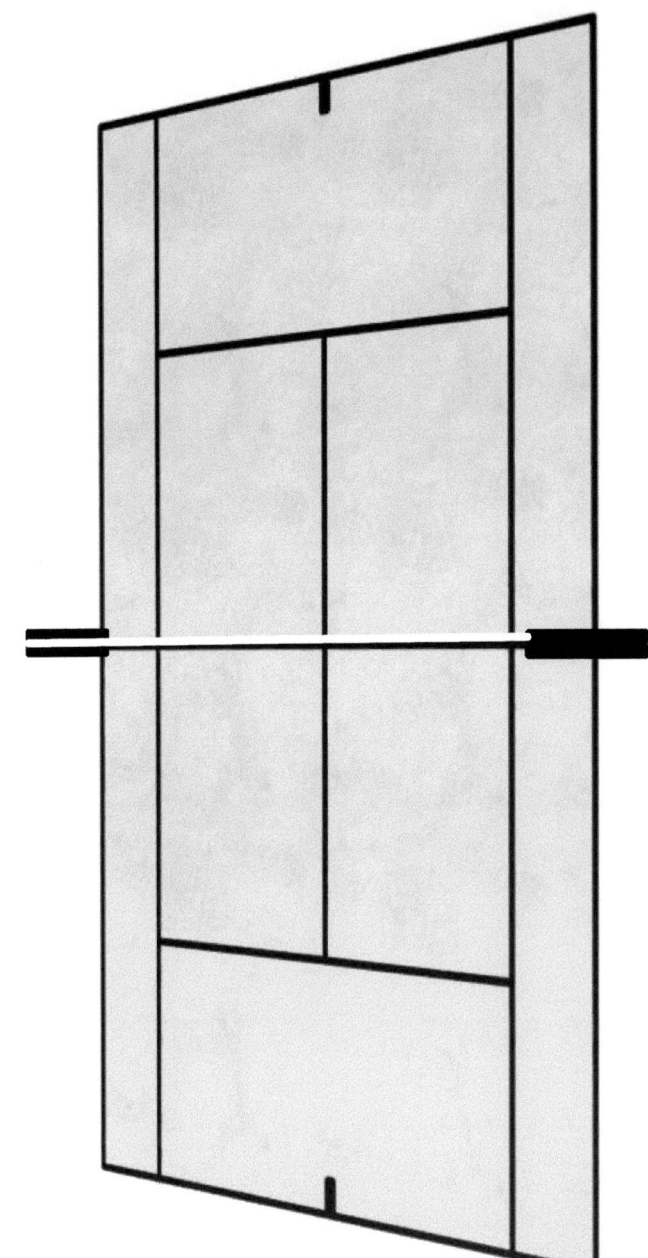

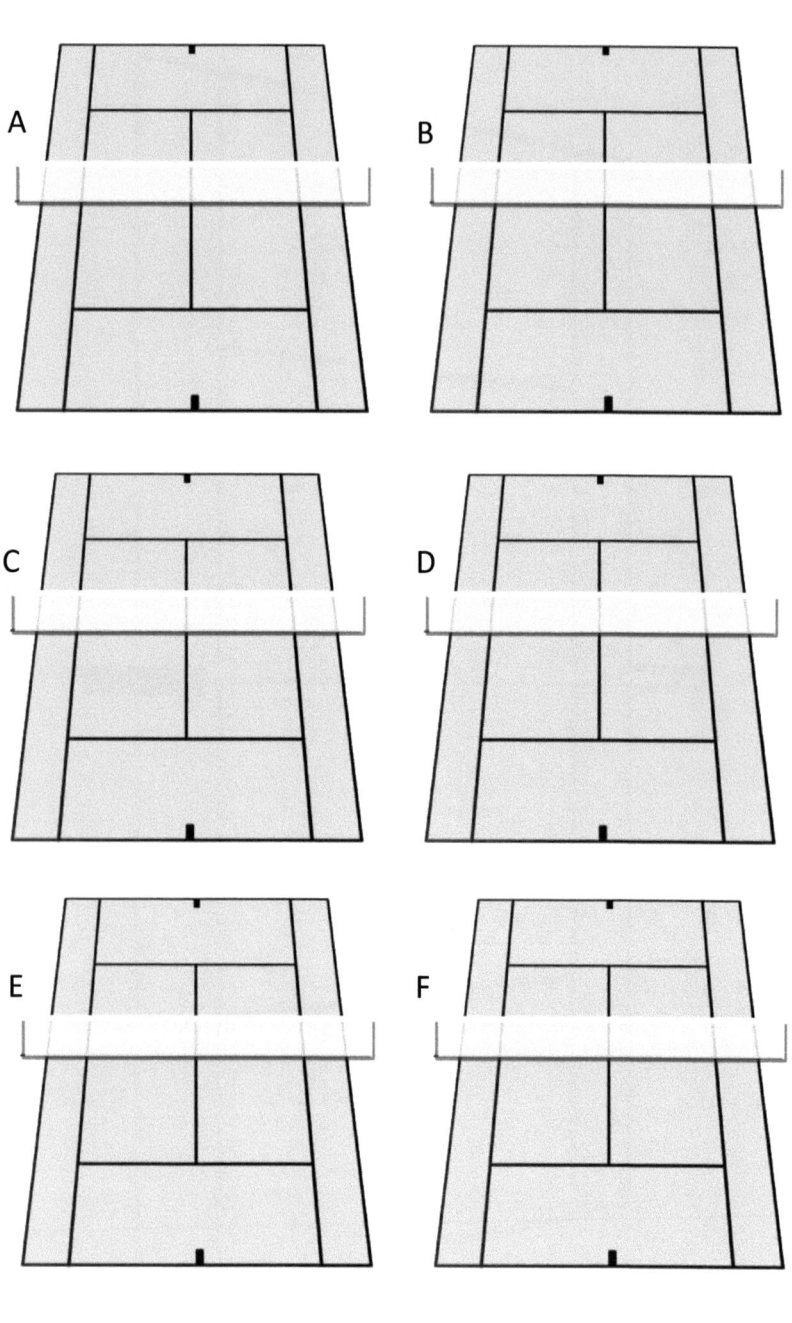

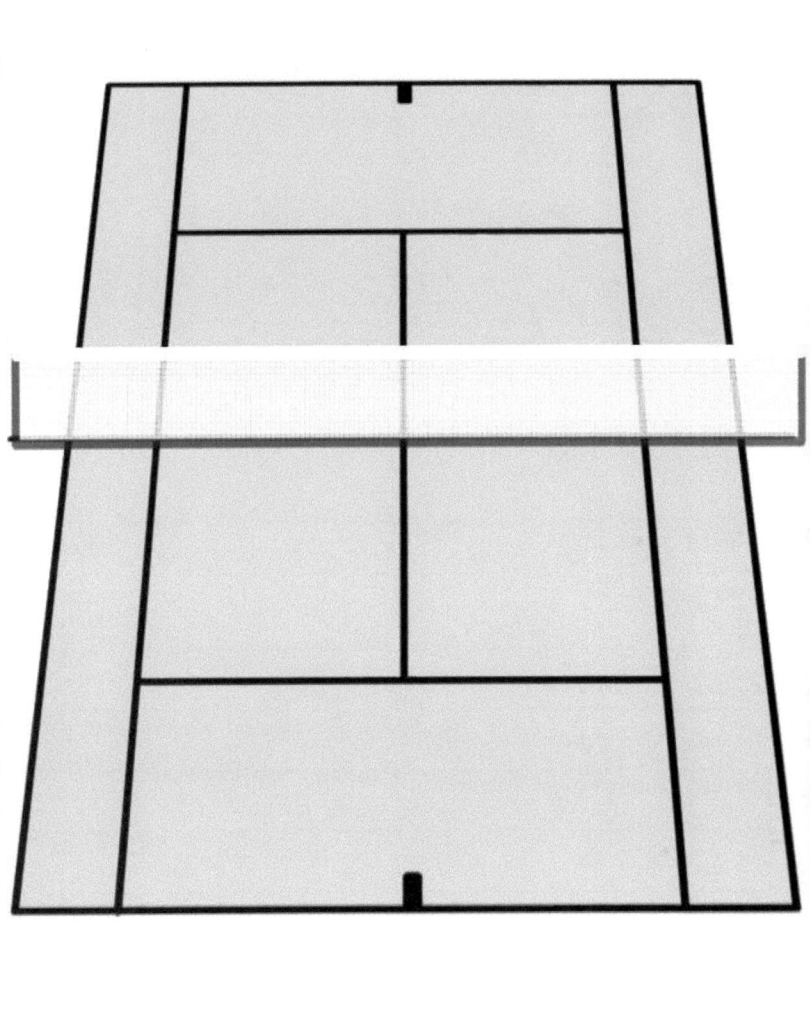

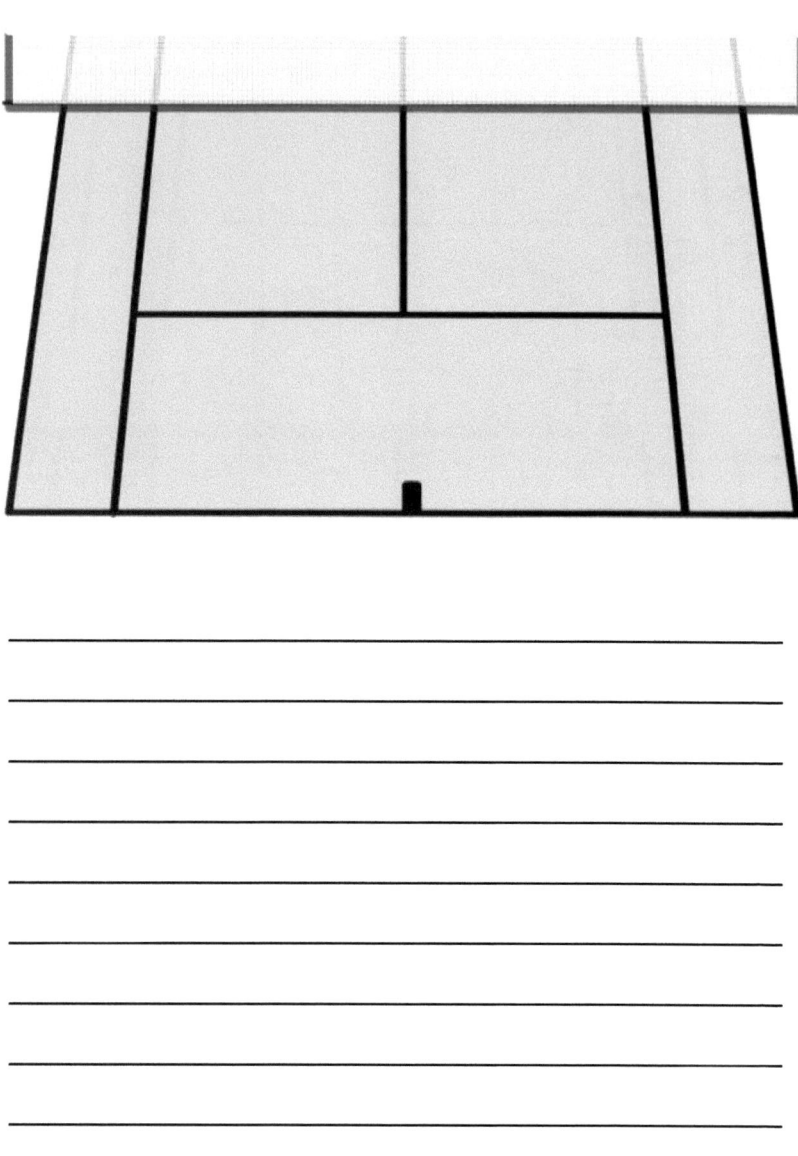

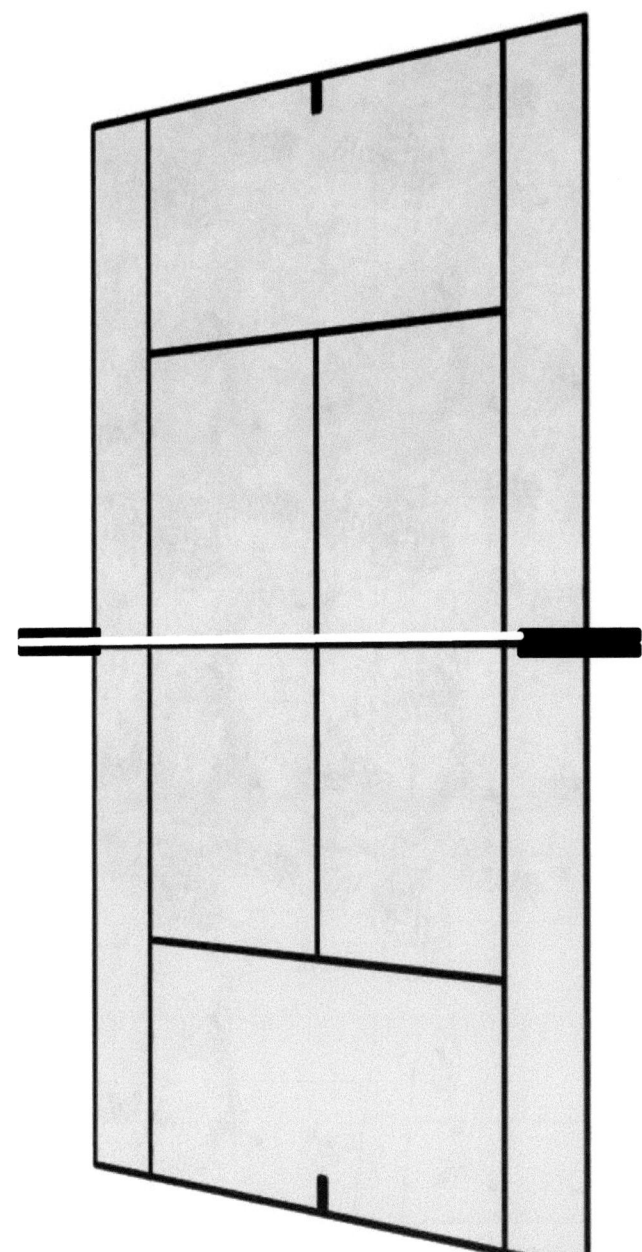

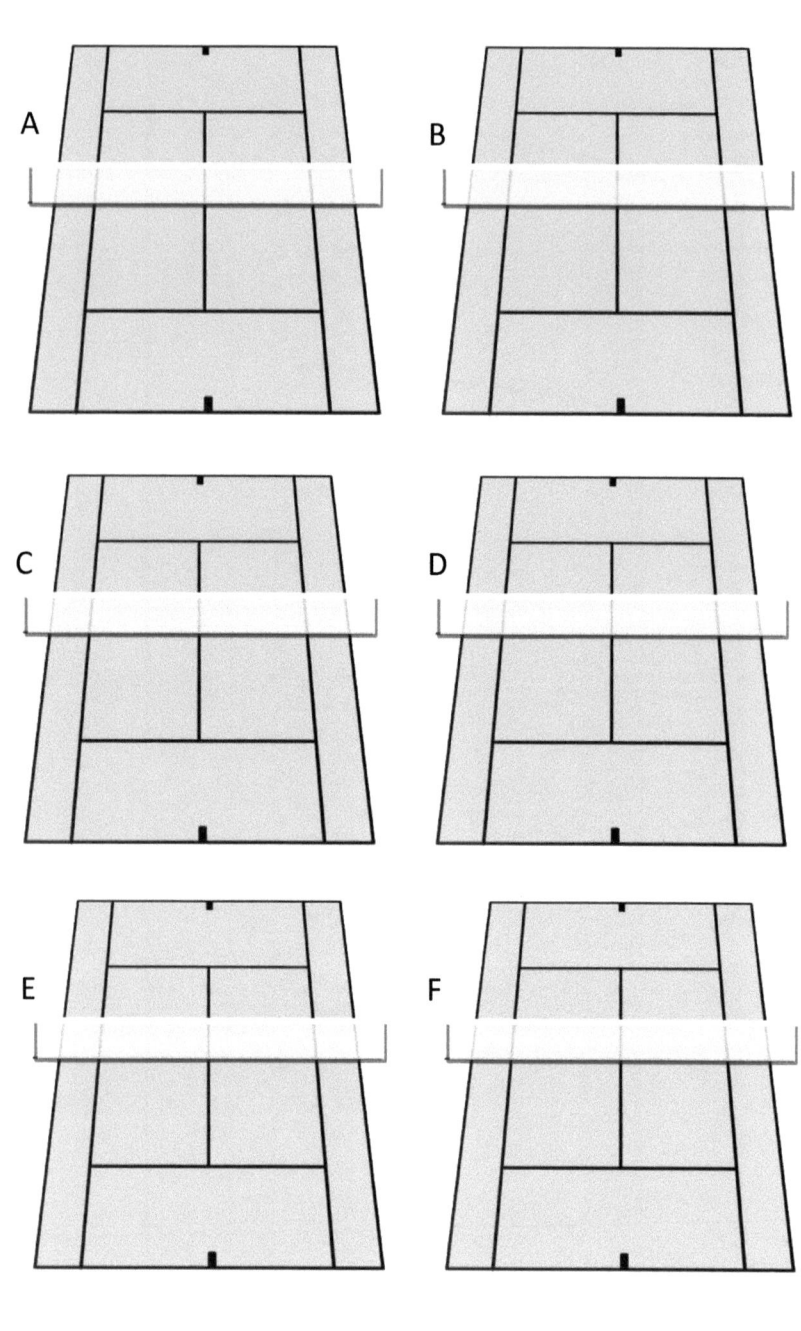

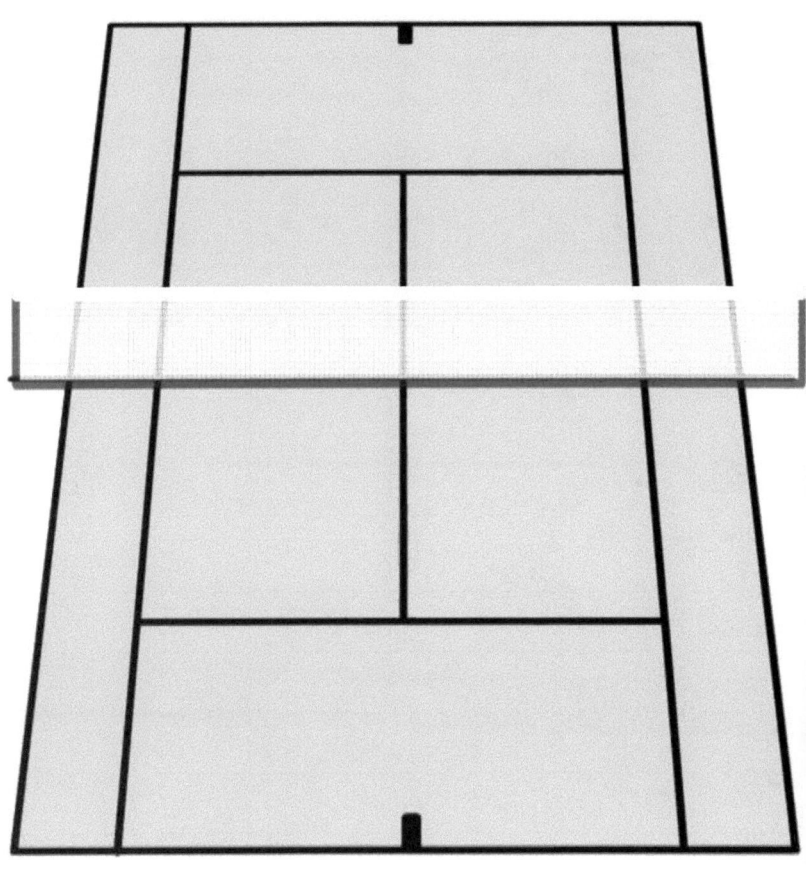

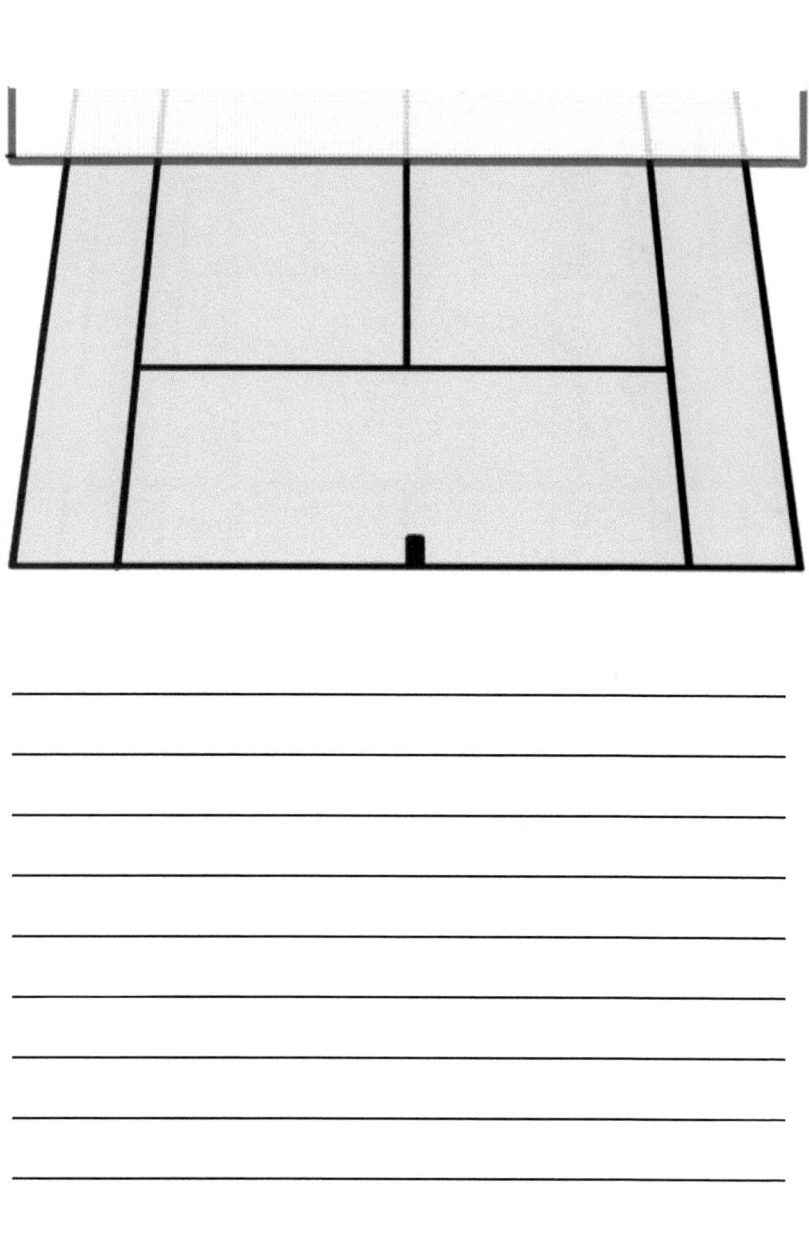

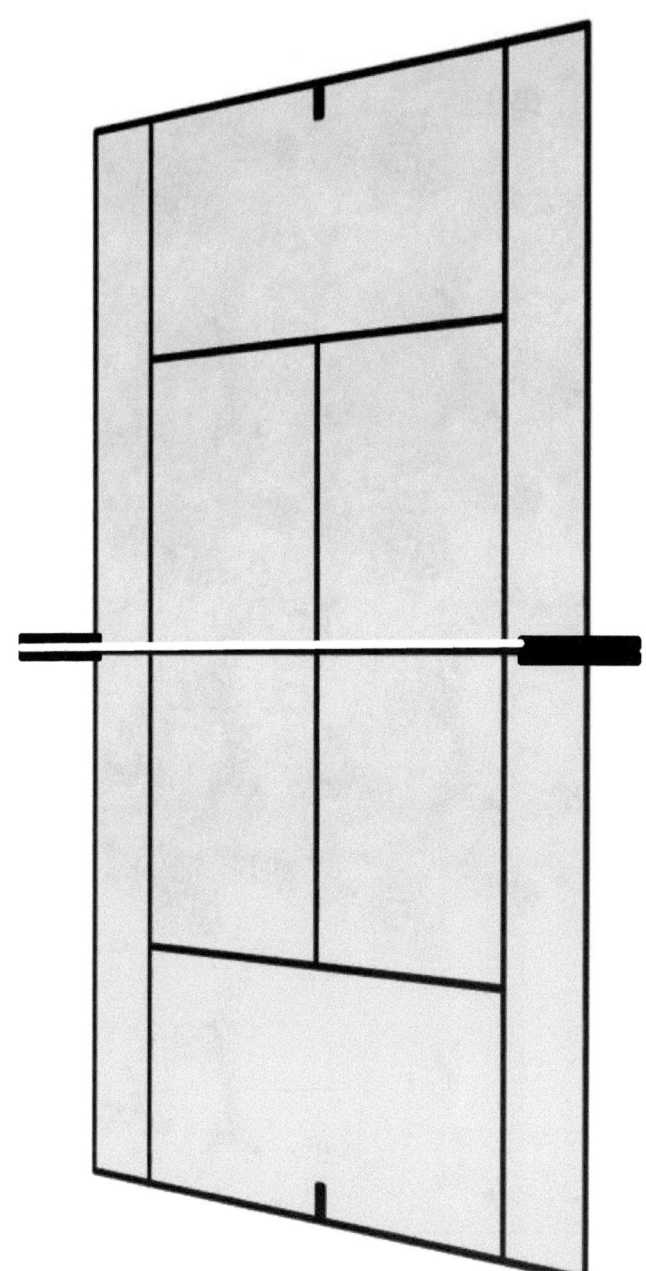

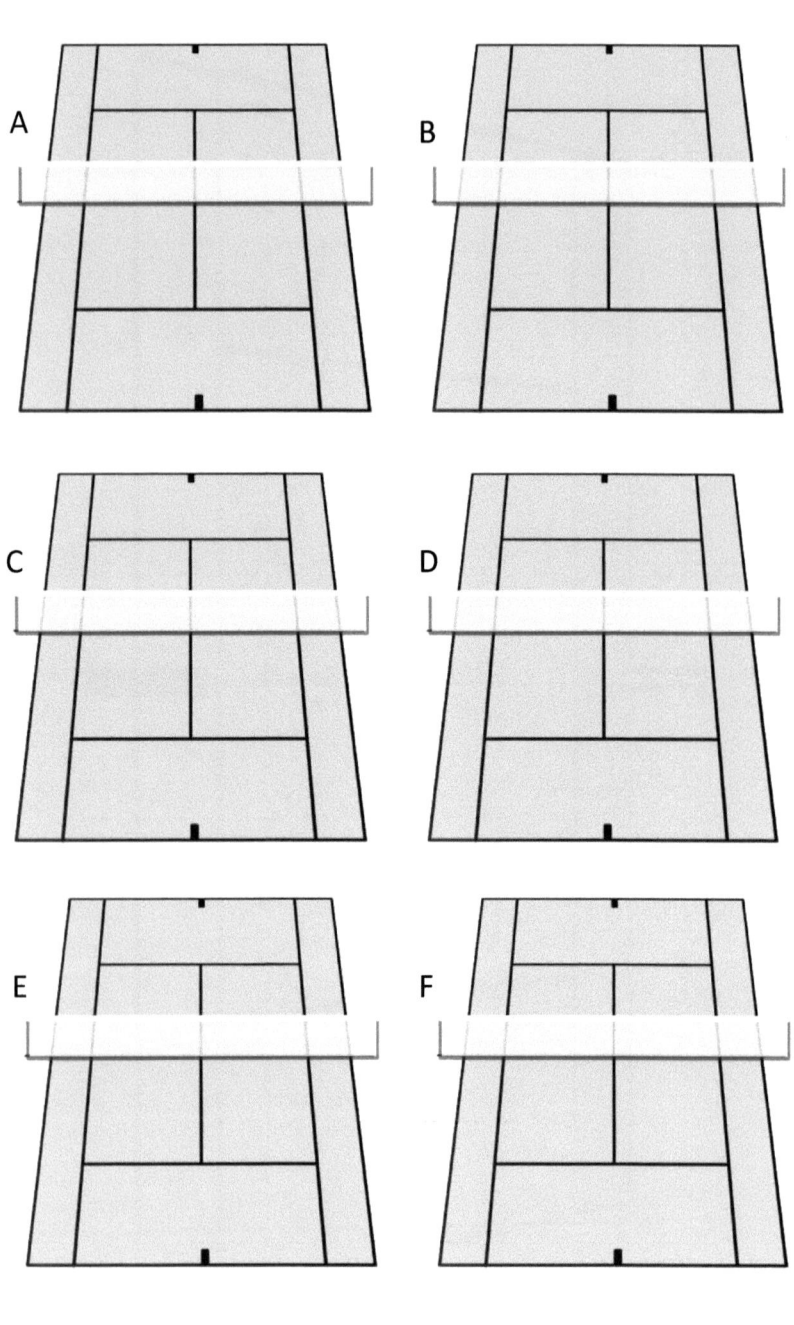

Weitere Bücher von Theo von Taane

- Happy – Wünsch dir was! — ISBN: 9783734728570
- Tennis Witze Knallbonbons — ISBN: 9783732296490
- Tennis Postkarten Kalender — ISBN: 9783734741289
- Witze rund um Volleyball — ISBN: 9783734731801
- Witze rund um Basketball — ISBN: 9783734703824
- Witze rund ums Schwimmen — ISBN: 9783734734460
- Witze rund um Schach — ISBN: 9783734731658
- Witze rund um Tischtennis — ISBN: 9783734731648
- Witze rund um Eishockey — ISBN: 9783734730716
- Witze rund ums Fechten — ISBN: 9783734731976
- Witze rund um Handball — ISBN: 9783734731690
- Witze rund um Badminton — ISBN: 9783734732875
- Witze rund um Karate — ISBN: 9783734731666
- Witze rund um Judo — ISBN: 9783734731674
- Witze rund um Golf — ISBN: 9783734731704
- Witze rund um Fußball — ISBN: 9783734731712
- Witze rund ums Boxen — ISBN: 9783734731720
- „Je öfter man drückt, desto schneller kommt der Fahrstuhl!" — ISBN: 9783735785794
- Am. Football Trainings- und Taktikbuch — ISBN: 9783734747229
- Badminton Trainings- und Taktikbuch — ISBN: 9783734747953
- Baseball Trainings- und Taktikbuch — ISBN: 9783734748073
- Basketball Trainings- und Taktikbuch — ISBN: 9783734748110
- Bowling Trainings- und Taktikbuch — ISBN: 9783734748127
- Cricket Trainings- und Taktikbuch — ISBN: 9783734748134
- Eishockey Trainings- und Taktikbuch — ISBN: 9783734748387
- Fechten Trainings- und Taktikbuch — ISBN: 9783734748455
- Feldhockey Trainings- und Taktikbuch — ISBN: 9783734748844
- Fußball Trainings- und Taktikbuch — ISBN: 9783734748851
- Futsal Trainings- und Taktikbuch — ISBN: 9783734748868
- Handball Trainings- und Taktikbuch — ISBN: 9783734748875
- Lacrosse (w) Trainings- und Taktikbuch — ISBN: 9783734748882
- Lacrosse (m) Trainings- und Taktikbuch — ISBN: 9783734748905
- Netball Trainings- und Taktikbuch — ISBN: 9783734748936
- Rugby Trainings- und Taktikbuch — ISBN: 9783734748943
- Schach Trainings- und Taktikbuch — ISBN: 9783734748950
- Squash Trainings- und Taktikbuch — ISBN: 9783734748974
- Tennis Trainings- und Taktikbuch — ISBN: 9783734746406
- Tischtennis Trainings- und Taktikbuch — ISBN: 9783734748967
- Volleyball Trainings- und Taktikbuch — ISBN: 9783734748981
- Wasserball Trainings- und Taktikbuch — ISBN: 9783734748998
- Foto & Malen & Basteln Postkarten Kalender zum Selbermachen — ISBN: 9783734745393
- Brettspiel: Spannende Geschenkejagd — ISBN: 9783734740466
- Brettspiel: Schnappt Ede! — ISBN: 9783734741357

u.v.m.
Einfach nach ‚von Taane' im Webshop suchen um sich alle Bücher anzeigen zu lassen.